AF554127

# HISTOIRE

DE

# SAINTE MACRE

**VIERGE MARTYRE,**

Patronne de Fismes, de Fère-en-Tardenois et de Longueval-lès-Fismes,

**Par Ch. HANNESSE,**

CURÉ-DOYEN DE FISMES, CHANOINE HONORAIRE DE REIMS, MISSIONNAIRE APOSTOLIQUE.

---

Publiée avec l'autorisation de S. Em. le card. arch. de Reims

REIMS,
[illegible] et Cie, Imprimeurs
[illegible], 21.

FISMES,
PINON, Libraire,
rue de [illegible].

1866.

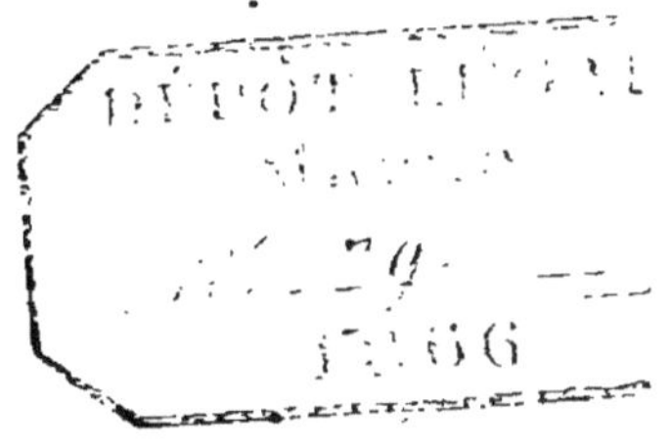

# HISTOIRE

DE

# SAINTE MACRE

VIERGE MARTYRE,

Patronne de Fismes, de Fère-en-Tardenois et de Longueval-lès-Fismes,

Par Ch. HANNESSE,

CURÉ-DOYEN DE FISMES, CHANOINE HONORAIRE DE REIMS, MISSIONNAIRE APOSTOLIQUE.

---

Publiée avec l'autorisation de S. Em. le card. arch. de Reims

---

REIMS, P. DUBOIS, Imprimeur, rue Pluche, 21.

FISMES, PINON, Libraire, rue de Bozart.

1866.

# HISTOIRE

DE

# SAINTE MACRE

## VIERGE MARTYRE

---

*En l'an 1643, M. Bazin, curé doyen de Fismes, publia, avec l'office de sainte Macre,* patronne de la ville de Fismes, de Fère-en-Tardenois et de Longueval-les-Fismes, *une vie de cette glorieuse martyre, ou plutôt un discours, un panégyrique, qu'il avait prononcé en la fête de la sainte héroïne. Cet opuscule est devenu fort rare* (1). *Nous avons donc cru faire une chose agréable à Dieu, utile aux* Enfants de sainte Macre (2), *en composant une vie nouvelle et plus complète de notre sainte patronne. Daigne le Seigneur bénir ce travail et ranimer dans tous les cœurs le culte traditionnel de la vierge martyre, ce culte qui ne consiste pas*

(1) In-18 de 136 pages, ayant deux paginations. La première partie renferme les antiennes, hymnes, leçons et oraisons de la fête; suivies du discours de M. Henri Bazin, 72 pages. La deuxième partie contient les psaumes de tout l'office, matines, petites heures, vêpres, complies, etc., 64 pages.

(2) Nom sous lequel aiment à se désigner les personnes originaires de Fismes.

*seulement à venir prier devant la châsse de notre patronne, à y déposer sa modeste offrande, à passer sous ses reliques vénérées, à assister aux saluts des deux neuvaines, aux processions solennelles en l'honneur de l'illustre martyre. Croire que ces pratiques seules honorent sainte Macre, ce serait une erreur et une superstition. Pour honorer véritablement les saints, il faut, avant tout, imiter leurs vertus; il faut, comme eux, travailler à son propre salut; il faut, comme eux, remplir toutes les obligations du chrétien, observer toutes les lois de Dieu et de l'Eglise.*

*O glorieuse patronne, du haut du ciel, regardez-nous d'un œil favorable; protégez cette terre autrefois teinte de votre sang, et conservez au milieu de nous la foi pour laquelle vous avez donné votre vie* (1).

(1) Oraison de l'ancien office de sainte Macre.

# 1re PARTIE.

## VIE DE SAINTE MACRE [1].

« Dieu est admirable en toutes ses créatures ; » le plus petit de ses ouvrages manifeste sa » puissance ; mais il l'est particulièrement en » ses saints. En effet, si nous faisions attention » à la manière dont il se comporte envers eux, » aux bénédictions dont il les prévient, aux » faveurs dont il les gratifie, aux miracles dont » il les honore, il n'est rien qui puisse ravir » plus puissamment les esprits et les cœurs, et

(1) Pour cette première partie : *Vie de sainte Macre*, nous avons eu recours à Flodoard, au Martyrologe romain, aux Bollandistes, à D. Marlot, au discours de M. Bazin, à l'office ancien de sainte Macre. — Les renseignements relatifs à l'histoire de Fismes et au culte de notre sainte patronne ont été puisés principalement dans un travail consciencieux et inédit de M. Gervais, ancien instituteur. Nous le désignerons dans le cours de ce travail sous les lettres initiales : M. G.

» attirer plus doucement les hommes au service
» et à l'amour d'un si bon maître. Mais, si
» cette vérité est évidente en chaque saint, com-
» bien plus le paraîtra-t-elle en ces jeunes
» vierges qui ont triomphé du monde et de la
» chair, en mourant glorieusement pour la
» cause de Dieu et pour la vérité de l'Evan-
» gile (1)! » Combien plus Dieu nous paraîtra admirable en cette sainte martyre, notre compatriote et « notre protectrice, qui, semblable à
» une forte citadelle, depuis quinze siècles, dé-
» fend cette cité contre les attaques de ses enne-
» mis! C'est au milieu de nous qu'elle a vécu,
» c'est ici qu'elle a terminé sa course par un
» glorieux martyre. La ville de Fismes a été le
» champ de bataille où cette généreuse athlète
» a remporté une double victoire, triomphant
» à la fois et des séductions du plaisir et des
» supplices les plus affreux (2). »

Il y a seize siècles, Fismes occupait l'emplacement aujourd'hui désigné sous le nom de *Fismette* (3). Traversée par la voie romaine,

(1) Discours de M. Bazin.

(2) Office ancien de sainte Macre.

(3) Cette assertion est fondée sur deux raisons principales : 1° Fismette était défendue au nord par une forte mu-

connue sous le nom de chaussée Brunehaut, la cité s'étendait sur les deux rives de la Vesle ; elle était bornée à l'ouest par l'Ardre, qui se jette dans la Vesle, et qui peut-être servait de séparation naturelle entre le pays rémois et le Soissonnais (1). Comme le reste des Gaules, elle reconnaissait l'autorité des empereurs ro-

raille soutenant une terrasse et une sorte de chemin couvert dont il reste des vestiges. Le mur retourne à l'ouest vers une ancienne porte de ville qui se reconnaissait encore au commencement du XIXe siècle ; 2o la voie romaine allant de Reims à Soissons, pour remonter au nord et aboutir à Boulogne (plus tard réparée par la reine Brunehaut, d'où lui vient le nom de *chaussée Brunehaut*), longe la rive droite de la Vesle, du côté de Fismette. N'est-il pas évident que les habitations s'élevèrent principalement sur le parcours de cette route si fréquentée? (M. G.)

(1) Fismes, autrefois *Fines*, tire, en effet, son nom du mot latin *fines* (frontière), et servait de limites entre les deux peuplades gauloises : comme plus tard elle marque les bornes des deux royaumes d'Austrasie et de Neustrie. — Fismes est désignée sous le nom de *Fines* dans l'*Itinéraire d'Antonin le Pieux*, itinéraire que l'on croit avoir été commencé par Jules César. Fismes servit encore de point de séparation entre les trois diocèses de Reims, de Soissons et de Laon : près de Fismette existait un terme appelé *Borne des trois Evêques*. A peu de distance de Fismes, on voit encore les bornes qui séparaient les provinces de Champagne et de Picardie.—C'est seulement en 1226, dans la

mains (1). La foi chrétienne avait été apportée de Rome dans nos contrées par saint Sixte et

charte de Thibault, comte de Champagne, que nous voyons substituer au nom de *Fines* ou de *Finæ* celui de *Fimæ*, que notre ville a conservé depuis.

Cette situation comme frontière explique les désastres si fréquents que Fismes eut à subir dans des guerres presque continuelles et qui arrêtèrent le développement de sa population. C'est à la même cause que nous attribuons l'absence de ces beaux monuments civils et religieux, orgueil de nos cités voisines. (M. G.)

(1) Les Rèmes, n'ayant point pris part au soulèvement de la Gaule-Belgique contre les Romains, ayant de plus fourni passage aux troupes de Jules César, méritèrent les faveurs du conquérant et obtinrent le titre de *ville fédérée.* Ce titre assurait à *la cité rémoise* le droit d'élire ses magistrats, l'exemption de la juridiction du gouverneur provincial, l'autonomie de son territoire, sauf un contingent de troupes auxiliaires et l'impôt à fournir, sauf le passage des armées à laisser libre ; la cité, c'est-à-dire, le pays rémois, put conserver ses institutions et son gouvernement particulier. Les lois romaines n'étaient obligatoires dans son enceinte qu'autant qu'elles intéressaient la grandeur et la dignité de l'empire, et que les magistrats rémois les avaient reçues par un vote spécial. Ceci explique pourquoi les premières persécutions dans lesquelles il y eut tant de martyrs en Italie et en Asie, ne firent point couler le sang chrétien dans le pays rémois, où les autorités locales se montrèrent moins intolérantes. — Ces libertés, ces priviléges de *la cité rémoise* cessèrent sous l'empereur Cara-

saint Sinice, disciples de l'apôtre saint Pierre (1); les deux Eglises de Reims et de Soissons ayant été réunies sous le gouvernement de saint Sinice, Fismes, placée sur la voie romaine aux confins des deux cités (2), reçut dès lors la bonne nouvelle de l'Evangile.

Mais si, pendant deux siècles, le christianisme n'eut point à lutter dans nos contrées contre la rage des persécuteurs, il rencontra de puissants

calla ; les édits impériaux devinrent obligatoires, et notre pays eut alors ses premiers martyrs. (Voyez *Recherches sur les origines des Eglises de Reims, Soissons, Châlons*, par L.-W. RAWENEZ, 1857.)

(1) Le lecteur n'attend pas de nous une discussion sur cette grave question *de l'origine du christianisme dans le pays rémois*. Trois opinions sont en présence : la première place la mission de saint Sixte et de saint Sinice au Ier siècle; elle a pour elle l'autorité d'écrivains distingués de tous les siècles, de Flodoard, de Foulques, archevêque de Reims au IXe siècle, du Martyrologe romain, de D. Marlot ; elle concorde très-bien avec les traditions des Eglises de France qui revendiquent une origine immédiatement apostolique. La seconde retarde la mission de nos premiers évêques jusque vers le milieu du IIIe siècle. La troisième lui assigne le commencement du IVe siècle. (Voyez sur ce point : *Recherches*, etc., par L.-W. RAWENEZ, 1857.)

(2) On entend ici par *cité*, une contrée entière, dépendant d'une ville et gouvernée selon des lois particulières. Sous Tibère, on comptait 64 cités dans les Gaules.

obstacles dans les superstitions druidiques : il dut triompher de la dissolution qui régnait dans les cités et dans les campagnes. Ses commencements furent donc lents et pénibles.

Vers la fin du IIIe siècle, les édits de persécution sont proclamés dans nos pays (1) : le sang des martyrs coule dans la cité rémoise, et les progrès du christianisme se ralentissent parmi nous. Mais le pape qui, de Rome, veille sur toute l'Eglise, envoie vers le nord des Gaules une nouvelle légion de jeunes missionnaires, dont quelques-uns sont simples laïques. Saint Quentin prend comme son lot la capitale du Vermandois, *Augusta Vermandorum*, plus tard,

(1) Les paysans gaulois, poussés par l'excès de la misère, s'insurgèrent, en l'an 283, contre la domination romaine, et pendant trois ans, ils tinrent en échec toutes les forces de l'empire d'Occident. Peut-être des chrétiens prirent-ils part à cette insurrection terrible. Ce fut pour le féroce Maximien-Hercule le prétexte de la persécution. La légion thébéenne, composée de 6,600 chrétiens, ayant refusé de marcher pour détruire les chrétiens ses frères, fut tout entière exterminée. Maximien s'avance ensuite vers le nord des Gaules, triomphe des paysans révoltés ou Bagaudes, et poursuit les chrétiens avec acharnement à Trèves, à Mayence, à Cologne, et dans toute la Gaule-Belgique.

Saint-Quentin : saint Crépin et saint Crépinien s'établissent à Soissons. Saint Rufin et saint Valère s'arrêtent à Reims, puis viennent se fixer à Bazoches, à l'ombre du palais impérial, où séjournent parfois les grands magistrats de la province. Romains, ils trouvent un facile accueil auprès des autorités romaines, et leur haute capacité, bientôt reconnue, leur procure un emploi honorable dans la garde des grains destinés à l'approvisionnement des troupes romaines (1). Apôtres de Jésus-Christ, ils font servir les relations que leur charge leur procure, à la propagation de la vérité : ils forment autour d'eux une population de croyants qu'ils instruisent par leurs paroles, qu'ils édifient par leurs exemples.

Fismes profita de ce voisinage ; sa petite communauté chrétienne entendit la parole des missionnaires et sentit se réveiller sa foi quelque peu assoupie Une des plus ferventes disciples des apôtres de Bazoches fut une jeune fille du nom de Macre.

Cette vierge est-elle née à Fismes ? Son nom

(1) *Viros insignes, regalium horreorum custodes.* (Manusc. Remigianum.)

tout romain semblerait indiquer le contraire (1); mais si l'on fait réflexion qu'à cette époque les familles gauloises aimaient à latiniser le nom de leurs ancêtres, on peut croire que notre sainte patronne a pris naissance dans ce pays. La tradition, d'ailleurs, est constante sur ce point (2).

(1) *Macra*, mot latin qui signifie *maigre*. Ce fut peut-être un surnom donné à la sainte, soit pour marquer sa maigreur naturelle, soit pour indiquer les mortifications qu'elle exerçait contre son corps. En ce dernier sens, ce surnom, injure de la part des infidèles, fut un éloge de la part des chrétiens.

(2) Une hymne que l'on chantait en 1643, à la fête de sainte Macre, suppose que la martyre avait « dans les pre- » miers jours d'une brillante jeunesse. quitté sa chère » patrie et sa famille pour s'adonner à la méditation des » choses célestes. » Rien dans les légendes n'autorise ce sentiment, contre lequel semble protester toute la vie de notre sainte. Comment supposer qu'une jeune fille quitte son pays pour venir dans une cité inconnue? Qui l'a protégée dans le voyage? Qui l'a reçue à son arrivée à Fismes? La religion, la modestie lui interdisent une démarche aussi imprudente. — Cette strophe nous paraît due à l'imagination d'un poète peu soucieux de la vérité historique. Nous pourrions même voir, dans l'hymne entière, une composition poétique, étrangère à la liturgie rémoise, et devant servir à l'office du commun d'une vierge martyre : rien ici

Est-elle fille du peuple ou d'origine patricienne ? Ses parents étaient-ils chrétiens ou fut-elle convertie elle-même par les prédications de saint Rufin et de saint Valère ? La tradition se tait sur tous ces points : l'histoire est même très-sobre de détails sur le temps qui précéda son martyre. Il est dit seulement que, dès sa tendre jeunesse, Macre brilla par sa foi en Jésus-Christ, et par la profession de la virginité : qu'elle prêchait avec feu le Christ aux infidèles (1). Elle était chrétienne, vierge, apôtre : expliquons ces trois mots, nous y trouverons le plus bel éloge de notre sainte.

A toutes les époques de l'histoire, aux premiers comme aux derniers âges de l'Eglise, être chrétien, c'est se vouer à la lutte et au sacrifice, c'est se renoncer soi-même, c'est porter sa croix et imiter Jésus-Christ. Le chrétien est un homme combattant, sur une arène obscure et silencieuse, les passions de son cœur, faisant violence à ses mauvais penchants, immolant ses

de spécial à sainte Macre, rien qui rappelle le lieu, le temps, le genre de son martyre.

(1) *Macra summa in Christum fide et virginitatis professione claruit. Hæc cum incredulis Christum prædicaret, a Rictiovaro*, etc.

répugnances et ses goûts, sacrifiant généreusement son corps à son âme : et cette lutte ne connaît ni terme ni repos ; ces efforts sont de tous les jours, de tous les instants ; ce sacrifice est sans cesse renouvelé.

Pour l'aider dans l'accomplissement de ces devoirs difficiles, le chrétien de nos jours trouve de puissants soutiens dans les lois, les mœurs, les usages de la société, qui lui garantissent la liberté de conscience ; dans les bons exemples de ses frères, qui le stimulent et l'encouragent; dans la voix de la cloche qui l'appelle aux saintes assemblées des fidèles ; dans nos églises toujours ouvertes. N'a-t-il point le zèle dévoué du prêtre, les exhortations de la chaire sacrée et par-dessus tout un facile accès aux sacrements ? Mais, à la fin du IIIe siècle, être chrétien, c'était embrasser une religion proscrite, méprisée, haïe (1) : on ne pouvait recueillir qu'à la déro-

(1) On méprisait les chrétiens, on les tenait pour des personnes viles dont le sang n'était d'aucun prix. C'était la balayure du monde, *omnium peripsema*. Ce qui a fait dire à Tertullien : « *Christiani destinatum morti genus*. Savez-vous ce que sont les chrétiens ? C'est un genre » d'hommes destiné à la mort. » Remarquez qu'il ne dit pas condamné, mais destiné à la mort, parce qu'on ne les condamnait pas dans les formes, mais plutôt qu'on les

bée une leçon salutaire, une parole d'encouragement ; le chrétien n'assistait au saint sacrifice de la messe, ne participait au banquet de l'Eucharistie qu'au risque de sa liberté, au péril de sa vie ; il lui fallait vivre chaste, en n'ayant sous les yeux que des exemples de libertinage ; il de-

regardait comme dévoués au dernier supplice par le seul préjugé d'un nom odieux : « *Oves occisionis*, comme dit » l'Apôtre, des brebis de sacrifice, des agneaux de bou- » cherie, » dont on versait le sang sans façon et sans procédure. Si le Tibre s'était débordé, si la pluie cessait d'arroser la terre, si les Barbares avaient ravagé quelque partie de l'empire, les chrétiens en répondaient de leurs têtes : il était passé en proverbe : « *Cœlum stetit, causa christiani.* » Pauvres chrétiens innocents, on ne sait que vous imputer ; parce que vous ne vous mêlez de rien dans le monde, on vous accuse de renverser tous les éléments et de troubler tout l'ordre de la nature, et sur cela, on vous expose aux bêtes farouches, parce qu'il a plu au peuple romain de crier dans l'amphithéâtre : « *Christia-* » *nos ad leones*, qu'on donne les chrétiens aux lions. » Il fallait cette victime aux dieux immortels, et ce divertissement au peuple irrité... Quoi donc, sans formalité, immoler une si grande multitude ! De quoi parlez-vous de formalités ? Cela est bon pour les voleurs et les meurtriers : mais il n'en faut pas pour les chrétiens, âmes viles et méprisables, dont on ne peut assez prodiguer le sang. Pour professer le christianisme, il fallait avaler toute cette honte. (BOSSUET, *Panégyrique de saint Victor*, 3e point.)

vait braver l'opinion populaire, et se prosterner presque seul aux pieds d'un Dieu que la foule blasphêmait; enfin, être chrétien, c'était attendre à chaque heure le sacrifice sanglant d'un martyre certain. Telle était la vie que sainte Macre embrassa en recevant le baptême. Pour s'engager avec connaissance de cause dans un tel état, affronter d'aussi grands périls, il fallait une âme fortement trempée!

Eclairée par la lumière d'en haut, fortifiée par la prière, Macre croit en Jésus-Christ, elle agit conformément à sa foi; les promesses de son baptême, elle les regardera comme obligatoires : elle a renoncé au démon, aux œuvres de Satan qui sont le péché, à ses pompes qui sont les vains plaisirs de ce monde. Pour elle, le ciel est la patrie, elle y habite par le désir.

Elle fait plus encore, elle a compris l'amour du Sauveur Jésus pour la virginité; elle sait qu'il a voulu naître d'une vierge, que son disciple bien-aimé était vierge, que sur la croix il n'honore de ses derniers discours que les vierges, que dans la gloire, il veut avoir les vierges en sa compagnie, qu'il n'a point sur terre de temples plus beaux que ceux que lui consacre la virginité, que c'est là qu'il se plaît à reposer, qu'il aime d'autant plus une âme qu'il la trouve plus vide de l'amour du monde et des créatures. Convaincue de toutes ces vérités qu'elle médite fréquemment, Macre ne veut admettre dans son cœur aucun mélange; elle se sépare, se détache sans réserve de toutes les choses créées, pour s'attacher uniquement à Dieu : elle ne veut d'autre époux que Jésus-Christ; elle lui consacre son cœur et toutes les affections de sa vie. A la profession du christianisme, elle ajoute la profession plus parfaite de la virginité : *Summa in Christum fide et virginitatis professione claruit.* Mais la virginité ne se conserve qu'au prix de bien des sacrifices : il lui faudra porter sa croix chaque jour, c'est-à-dire lutter sans cesse contre le monde et la chair, pratiquer la mortification, se livrer à une pénitence austère : Macre luttera contre le monde, elle se mortifiera, et son corps amaigri ne sentira plus les révoltes de la nature.

Sous l'action du feu de l'amour divin, le cœur de Macre s'est dilaté : l'amour de Dieu produit toujours comme un fruit naturel l'amour du prochain ; feu dévorant, il demande à jeter ses flammes au dehors. Les affections restreintes de la famille ont fait place à des affections plus larges : Macre aime tous ses concitoyens ; elle ne peut les voir avec indifférence s'égarer dans les ténèbres du paganisme, se perdre pour l'éternité. Tous ses pas dans la cité ne lui montrent-ils pas quelque objet qui enflamme son zèle ? Ici, le Capitole (1), où l'on adore, avec les dieux de la Gaule, les dieux apportés de Rome ; là, ce chêne séculaire où les druides vont cueillir le gui sacré. Les champs retentissent des malédictions des maîtres contre leurs esclaves et des esclaves contre leurs maîtres; le seul Dieu véritable, le Dieu de l'humilité et de la charité est peu connu : il n'a encore ni temple, ni autel public. Macre se sent pressée par la charité de Jésus-Christ : malgré sa jeunesse, malgré la timidité de son sexe, elle sort de sa retraite pour annoncer l'Evangile ; elle devient apôtre.

Son extérieur est déjà une prédication éloquente : la modestie de son regard, le recueillement de son visage, la gravité de sa démarche,

(1) Le Capitole était, dans Rome païenne, la montagne sacrée, le temple de Jupiter, le sanctuaire des faux dieux. A l'instar de Rome, un grand nombre de villes et de bourgades eurent leur Capitole, temple du Jupiter romain.

la mortification empreinte sur ses traits amaigris, tout en elle prêche et persuade.

Elle s'adresse d'abord aux filles de son âge, aux compagnes de ses jeux enfantins. Quelle n'est point la puissance d'une sainte amitié! Charmées de ses discours, les jeunes vierges de Fismes se sentent attirées vers le Dieu que Macre adore, et, si l'on doit ajouter foi à quelques manuscrits anciens (1), animées d'un ardent amour pour Dieu, du désir d'imiter leur jeune maîtresse, ces âmes droites consacrent comme elle leur virginité au Seigneur.

Encouragée par le succès, Macre conçoit un projet plus ambitieux. Ce n'est pas assez pour elle d'avoir amené au vrai Dieu de jeunes filles et des femmes, elle voudrait convertir des hommes! Sans doute elle eut à subir bien des rebuts, à dévorer plus d'une injure; ses démarches furent tournées en dérision; un peuple païen et dissolu ne lui épargna point les noires calomnies; les actes de son martyre le font assez soupçonner. Mais rien n'arrêtait la jeune apôtre : elle pardonnait à ses blasphémateurs, et se vengeait en priant Dieu pour eux. Heureuse

(1) Manuscrit de Saint-Waast.

quand elle avait pu conquérir une âme, et amener un nouveau catéchumène à l'oratoire de Bazoches, où saint Rufin et saint Valère achevaient l'œuvre qu'elle avait si bien commencée !

La tradition a été vraiment trop avare de détails sur cette partie si intéressante de la vie de notre patronne, et l'histoire ne peut appuyer son récit que sur les quelques mots relatés dans les actes du martyre de sainte Macre.

La pieuse vierge s'était préparée par les exercices du zèle et de la charité à donner sa vie pour Jésus-Christ : l'heure du martyre approchait.

Rome avait alors pour empereurs Dioclétien et Maximien, ces cruels auteurs de la dernière et de la plus sanglante des grandes persécutions. Ils ont pour digne représentant dans les Gaules Rictius Varus, vulgairement appelé Rictiovare, païen fanatique qui, comme Maximien son maître, a juré d'exterminer jusqu'au dernier des chrétiens (1). De Trèves où il réside, il vient dans la Gaule-Belgique cher-

(1) Rictiovare a gouverné les Gaules de 284 à 303. Aujourd'hui encore, dans certains villages de nos contrées, pour désigner un homme cruel, féroce, on l'appelle un *Rictiovare*.

chant partout les chrétiens, marquant son passage dans toutes les villes par le sang des martyrs A Augusta des Vermandois, saint Quentin subit les supplices les plus affreux : Rictiovare se montre cruellement ingénieux à inventer de nouvelles tortures (1). A Reims, le tyran fait

(1) Saint Quentin, sénateur romain, envoyé dans les Gaules par le Souverain Pontife pour convertir les peuples au christianisme, eut d'abord à Amiens les membres tout disloqués sur une roue où il demeura *étendu et tiré à toute force*, dit D. Marlot. Puis son corps fut déchiré avec des peignes de fer : on versa sur ses plaies vives de l'huile et de la poix résine : les bourreaux lui brûlèrent les flancs avec des torches ardentes et répandirent sur ses blessures de la chaux et du vinaigre. Rictiovare le fit, en cet état, conduire d'Amiens à l'Augusta des Vermandois, aujourd'hui Saint-Quentin, le fit transpercer de fiches de fer depuis les épaules jusqu'aux cuisses, étendre sur des chaînes embrasées; enfin il ordonna qu'on lui coupât la tête. — Le même tyran fit percer de clous ardents les tempes de saint Victorice et de saint Fuscien ; on leur arracha les yeux ; des fers pointus transpercèrent leurs narines et leurs oreilles ; puis, après avoir été exposés comme but aux flèches des soldats, les généreux martyrs eurent la tête tranchée.

La rage des persécuteurs, non moins que la constance des martyrs, est une preuve de la divinité du christianisme : le démon seul pouvait inspirer une cruauté aussi infernale, de même que la puissance de Dieu pouvait seule soutenir les martyrs au milieu de ces atroces tourments.

mettre à mort un certain nombre de chrétiens dont l'histoire n'a pas conservé les noms, ni raconté le supplice. De là il se dirige vers Soissons, où ses satellites lui ont fait connaître la présence de deux apôtres, saint Crépin et saint Crépinien. Fismes était sur sa route. A son arrivée dans notre ville, les païens lui dénoncent Macre, que ses prédications et le succès de son prosélytisme signalent à sa fureur. Le préfet la fait saisir et jeter en prison, en attendant qu'il lui plaise de l'interroger.

La réputation de Rictiovare, les exécutions sanglantes dont il est l'auteur, sont connues. La foule se presse autour du tribunal; les Romains veulent acclamer le représentant de l'empereur, les Gaulois connaître le tyran de leur nation. Tous s'unissent dans une même pensée, la haine du nom chrétien (1). On se répète l'un à l'autre que Rictiovare veut faire un exemple capable d'inspirer la terreur aux chrétiens les plus déterminés.

(1) Personne n'ignore la haine *étrange* que les païens avaient conçue contre le nom chrétien. Tolérants envers toutes les *fausses* religions dont ils honorent les dieux dans leur Panthéon (le savant Varron comptait plus de quarante mille dieux), ils se montrent d'une *intolérance* incroyable à l'égard des *seuls* chrétiens.

Le 5 Janvier 303, vers la 3me heure du jour (9 heures du matin), les flots tumultueux de la multitude débordent de toutes parts sur la place publique (1), des soldats entourent le trône que l'on a préparé au préfet des Gaules. Au pied du tribunal, les bourreaux ont étalé les instruments de supplice : le chevalet (2), les verges,

(1) Les Romains tenaient sur la place publique ou forum, les audiences pour les affaires civiles et criminelles. Le magistrat était sous une galerie couverte, assis sur un tribunal élevé, environné de ses officiers, de soldats toujours prêts à exécuter ses ordres, de licteurs portant des haches et des faisceaux de verges.

(2) Instrument de torture, formé de deux pièces de bois élevées, jointes ensemble. Le martyr y était étendu, les jambes croisées, et liées, ainsi que les bras, par des cordes. Des poulies et des moulinets placés au-dessous serrent ces liens, distendent les membres du patient. Quand le martyr est resté quelque temps dans cette cruelle position, les deux pièces de bois s'entrouvrent ; le corps est suspendu par les pieds et les bras ; l'interrogatoire commence. A chaque réponse du martyr qui refuse de sacrifier, les bourreaux ajoutent de nouvelles tortures : on lui brise les pieds, on lui arrache les ongles des orteils, on lui déchire les côtés par des verges, des courroies de cuir et des fouets garnis de pointes ou de balles de plomb; on lui sillonne les flancs avec des crocs ou des peignes de fer ; on tenaille les chairs avec des ongles de fer ; on les brûle avec des torches résineuses.

les ongles de fer, les tenailles, le brasier, tout est là, tout présage au peuple un spectacle des plus tragiques.

En même temps sort de sa prison, entourée de gardes, une jeune vierge de dix-huit ans environ (1). Elle est connue de tous, elle n'a jamais eu pour chacun que des paroles de douceur; elle a soulagé les malheureux, visité les malades, consolé les affligés. Et cependant des murmures s'élèvent sur son passage, des cris de mort se font entendre. Mais le visage de la vierge ne porte aucune trace d'abattement ni de peur : elle traverse la foule sans pâlir; ses yeux ont une expression plus douce, plus sereine que de coutume; ses regards s'élèvent vers le ciel; ses lèvres se remuent en silence; son cœur est tout à la prière.

Rictiovare s'est fait attendre : ce retard anime encore la fureur de la populace. Enfin il arrive précédé de ses licteurs; il monte sur son trône :

(1) L'inspection des reliques de sainte Macre prouve qu'elle avait au moins cet âge. L'influence qu'elle s'était acquise sur ses jeunes compagnes, ses prédications auprès des hommes ses compatriotes, ne permettent pas de croire que sainte Macre ne fût âgée que de treize à quatorze ans, comme le porte la tradition locale.—Rictiovare, en l'interpellant, l'appelle *femme*, et non jeune fille.

« *Femme, j'apprends que tu propages au*
» *milieu des hommes une religion nouvelle et*
» *superstitieuse : à savoir qu'un certain cruci-*
» *fié est Dieu et homme tout ensemble. Or je*
» *veux que tu saches bien les lois de nos divins*
» *empereurs ; ils ont décrété que quiconque ne*
» *vénérera, n'adorera point la statue de Jupi-*
» *ter, soit livré aux supplices les plus grands.*
» *Pense donc à toi-même et ne va pas t'exposer*
» *à perdre par ton obstination la fleur de ta*
» *jeunesse.* » Puis, ajoutant les promesses séductrices aux menaces, il dit : « *Si tu veux*
» *suivre mes conseils et immoler aux dieux in-*
» *vincibles, tu recevras de moi de grands hon-*
» *neurs, et des empereurs de magnifiques récom-*
» *penses.* » — « *Mon seul trésor*, répond la jeune vierge (1), *c'est Jésus-Christ, fils de Dieu,*

(1) M. Prioux, curé-doyen de Fismes [1842 à 1864], conçut l'heureuse idée de reproduire dans quatre verrières la vie de sainte Macre ; c'est un enseignement continuel, une prédication qui parle aux yeux.

Le premier vitrail, posé en 1864, du côté de la chapelle de la Sainte Vierge, représente la scène de l'interrogatoire. On voit Rictiovare sur son tribunal : près de lui, les dieux du Capitole : au centre, la sainte, entre les bourreaux, tient un crucifix et semble redire cette parole : « Mon seul trésor, » c'est Jésus-Christ. » Au-dessus est un ange, tenant une

» *qui t'a condamné toi-même. Tu ignores sans* » *doute ce qui arriva à Simon le Magicien.* » *Il avait cru, mais en vain, pouvoir acheter* » *les dons de Dieu au poids de l'or* (1). *Toi* » *aussi, tu cherches à me pervertir au prix de* » *l'argent ; c'est en vain. De même que le père* » *de Simon (le démon), ton père à toi-même, tu* » *seras vaincu ; que ton or périsse avec toi.* »

Cette réponse, pleine d'une sainte audace, met Rictiovare en fureur. Sur un signe du juge, le bourreau saisit Macre, l'étend sur le chevalet : en un clin d'œil, les nœuds coulants des cordes sont passés autour des mains et des pieds de la victime, ses bras sont violemment ramenés au-dessus de la tête. Sur un second signe de Rictiovare, l'exécuteur imprime un tour rapide aux deux roues du chevalet, et les membres de la vierge sont cruellement tendus et tiraillés,

banderolle où on lit cette inscription : « Mourir pour » Jésus-Christ est un gain, *Mori lucrum.* »— Derrière sainte Macre, on voit le chevalet et un esclave préparant les tenailles pour torturer la martyre.

(1) *Actes des Apôtres*, ch. VIII, v. 18. Souvent les chrétiens comparaient leurs persécuteurs à Simon, ce père de toutes les hérésies, ce précurseur des gnostiques et des spirites.

les muscles allaient se déchirer : « *Quel est ton* » *nom,* » crie le juge que les atroces souffrances de la martyre n'ont point ému. — « *Je suis chré-* » *tienne,* répond Macre, *j'adore le vrai Dieu, et* » *non de vaines images. — Sacrifie aux grands* » *dieux, ou crains les supplices qui t'attendent.—* » *O cruel fils du démon* (1), *crois-tu pouvoir me* » *faire changer de sentiments ? — Regarde le* » *Capitole et sacrifie. — Jésus-Christ à qui je* » *me suis consacrée, est mon Capitole : c'est vers* » *lui que je porte sans cesse mes regards ; tu me* » *méprises, mais lui ne me méprisera pas ; les* » *supplices que tu me fais subir m'obtiendront* » *la rémission de mes péchés et la couronne éter-* » *nelle ; j'en ai la ferme confiance.* »

A ce moment, la martyre se croit arrivée au terme de sa course : elle salue déjà le ciel.

« *C'est trop de paroles ; tu veux, par ces* » *réponses tortueuses, prolonger ta vie : cesse tes*

(1) Cette vive apostrophe de notre sainte étonnera peut-être certaines personnes. Elles ignorent donc que, s'il est beau de tendre le cou aux bourreaux, il n'est ni moins beau, ni moins glorieux de protester contre l'iniquité. Plus on aime la vérité, plus on a de zèle contre le mensonge. Qui ne connaît les invectives du doux Sauveur contre les hypocrites Pharisiens ? Saint Paul appelle *muraille blanchie* le juge qui l'interroge.

» *discours et sacrifie. — Le larron suspendu à*
» *la croix auprès de mon divin Sauveur ne voulut*
» *demander à Jésus-Christ que la gloire du*
» *royaume de Dieu ; il mérita d'entendre cette*
» *parole ;* AUJOURD'HUI TU SERAS AVEC MOI DANS
» LE PARADIS (1) : *et moi, tout indigne que j'en*
» *suis, je verrai, je l'espère, les biens du Sei-*
» *gneur dans la terre des vivants. — Quoi !* s'écrie
» Rictiovare, *tu continues encore tes discours ;*
» *hâte-toi, mets à profit mon conseil, sacrifie :*
» *sinon je vais prononcer ta sentence de mort.* »

Et la vierge généreuse, regardant le ciel, s'écrie : « *Voilà ce que je demande à mon Créateur :*
» *confesser son saint nom et mériter ainsi la*
» *palme du martyre. — Comment ! tu oses encore*
» *réitérer tes folies ; sacrifie sur-le-champ, sinon*
» *je te fais, non pas trancher la tête, mais brûler*
» *toute vive. — Si tu exécutes ta menace,* ré-
» pond la servante de Jésus-Christ, *tu infligeras*
» *à mon corps un châtiment qu'il mérite, mais*
» *mon âme ne se souillera jamais par un sacri-*
» *fice impie ; le feu la rendra plus pure pour*
» *paraître devant le Seigneur mon Dieu.* »

Réponse sublime ! Ce n'est point la raison

(1) S. LUC, ch. XXIII.

humaine. mais l'esprit de Dieu qui parle par la bouche des martyrs (1).

Le tyran est déconcerté; il interroge les assistants, il leur demande ce que l'on doit faire de cette femme qui s'avoue chrétienne. Le peuple répond que, puisqu'elle refuse de sacrifier aux dieux, il faut la traîner au pied du Capitole et l'y brûler vive. Les soldats saisissent la vierge intrépide et la conduisent dans une île nommée Licé (2), formée par le confluent de l'Ardre et de la Vesle.

De nouveau on dépouille Macre de ses habits, on lui lie les mains et les pieds. Macre conserve un visage riant; ses yeux sont élevés vers le ciel : « Seigneur Dieu, dit-elle, Père de Notre Seigneur » Jésus-Christ, qui n'est pas venu appeler les » justes, mais les pécheurs; vous, dont les pro-

(1) S. MATTHIEU, ch. X, v. 20. — Pendant qu'on interrogeait le martyr, des greffiers écrivaient tout ce qui se disait ; ces procès-verbaux s'appelaient *actes*. Les chrétiens avaient grand soin de se procurer, même au poids de l'or, des copies des *actes des martyrs* : on les conservait précieusement ; on les lisait dans l'assemblée des fidèles.

(2) Le mot *Lice*, dérivé du mot latin *lites*, tribunal, procès, indique le lieu où se rendait la justice, c'est-à-dire le prétoire ou au moins l'endroit où se faisaient les exécutions capitales.

» messes sont vraies et fidèles, vous avez dit ;
» Si l'homme quitte ses iniquités, je les oublierai
» complètement. Je vous confesse, Seigneur,
» toutes mes iniquités, j'attends de vous un digne
» fruit de pénitence ; j'implore votre grande et
» pieuse miséricorde, et je vous supplie, par
» la confession que je fais de votre nom, de me
» délivrer de ces maux et de me recevoir en
» votre sainte présence. »

Cette prière si calme de sa victime ajouta à l'exaspération du farouche Rictiovare. Le bûcher était préparé, le feu allumé : Rictiovare fait un signe, les bourreaux précipitent Macre dans les flammes. Mais Dieu suspendit l'action de cet élément et en arrêta la force et la violence, en sorte que la jeune héroïne y demeura longtemps sans aucun mal (1). Elle chantait doucement comme les enfants d'Israël : « Je vous rendrai
» grâce, mon Seigneur et mon roi : je vous glori-
» fierai, ô mon Sauveur, je bénirai votre saint
» nom, parce que vous avez été mon protecteur
» et mon appui. Vous avez délivré mon corps
» de la perdition, de la violence des flammes
» qui m'entouraient, en sorte qu'au milieu même

(1) Martyrologe romain.

» du feu, je n'ai pas été brûlée. » — Dieu a souvent suspendu les lois de la nature en faveur des saints; il voulait, en arrêtant l'activité du feu, frapper l'esprit des païens. D'ailleurs, la constance, la sérénité, je dirai presque l'impassibilité avec laquelle les martyrs enduraient leurs atroces supplices, n'est-elle pas une dérogation aussi manifeste aux lois qui régissent la nature de l'homme? Rictiovare s'irrite ; il fait arracher Macre au bûcher et ordonne de lui déchirer le sein. Dignes instruments de leur maître, les bourreaux saisissent les tenailles et exécutent cet ordre infâme. Le sang coule à flots, mais Dieu soutient le courage de la jeune héroïne.

Le tyran est vaincu, il ne sait plus quel supplice essayer. La nuit peut-être lui portera conseil, peut-être Macre se laissera-t-elle fléchir par la crainte de tourments encore plus affreux. Il ordonne aux soldats de la reconduire dans la prison, de l'enfermer dans un cachot complètement privé de lumière.

Dieu n'oublie point ceux qui souffrent pour lui, il multiplie les miracles en leur faveur. Au milieu de la nuit, une grande lumière se répand dans le cachot de la sainte martyre; la maison est ébranlée, les gardes effrayés s'enfuient et vont raconter au gouverneur le prodige qui s'était opéré. Les prisonniers enfermés avec la sainte veulent également prendre la fuite. Macre les retient, elle leur parle du Fils de Dieu, du Soleil de Justice qui est venu la visiter dans sa prison.

Au même instant, un vénérable vieillard (Flodoard dit un ange) apparut ; il était debout, tenant un onguent d'une odeur merveilleuse. Avant d'accomplir les œuvres de Dieu, il dit à Macre : « Jésus-Christ m'a envoyé vous guérir ; voici le » remède que j'apporte de sa part. » — Macre craint pour sa virginité : « Loin de moi, reprend-» elle, de chercher par la guérison de mon sein » à perdre la couronne que le Seigneur m'a pré-» parée. » Le vieillard, souriant, lui dit : « Vous » ne voulez donc pas être guérie ?— Le Créa-» teur de toutes choses, celui qui rend la » santé, saura, s'il le veut, guérir mon âme et » mon corps. Il est puissant, il peut sauver » ceux qui espèrent en lui. Je n'ai qu'un désir, » c'est de voir mon corps se dissoudre et mon » âme entrer dans le royaume de la lumière » éternelle. Il sait que jamais je n'ai voulu » employer pour moi l'art du médecin. »

La vierge tombe à genoux, elle arrose la terre

de ses larmes : « Seigneur mon père, Dieu de » ma vie, vous qui avez tout créé de rien, à » qui rien n'est caché, vous savez que jamais » aucun médicament ni rien de semblable fait » par les hommes, pour la guérison des mala- » dies, n'a été employé par moi ; si votre » volonté est que je guérisse, je connais la » grandeur de votre puissance, vous pouvez » me guérir par votre seule parole. » Elle pria ainsi longtemps et se releva entièrement guérie.

Le lendemain, Rictiovare remonte sur le tribunal dressé hors de la porte de la ville (1) : par son ordre, Macre y est amenée de la prison.

(1) Sous les empereurs, on destinait aux exécutions des criminels une place hors de la ville, quelquefois à la distance de 6 à 8 kilomètres, comme on le voit dans le martyre de saint Timothée de Reims. Le lieu où sainte Macre fut martyrisée était à la porte même de la ville, à l'endroit où s'élève la croix dite *de la Mission*. Tous les ans, de temps immémorial, dans la neuvaine solennelle en l'honneur de sainte Macre, qui se célèbre de la fête de l'Ascension à celle de la Pentecôte, on se rend deux fois en procession à ce lieu désigné par la tradition comme ayant été sanctifié par le martyre de notre sainte patronne. Il serait à désirer qu'un modeste oratoire y fût construit pour honorer la sépulture de sainte Macre, selon l'usage des premiers siècles chrétiens.

La voyant guérie : « Macre, dit-il, qui t'a rendu » la santé? — C'est, répond la jeune vierge, le » Seigneur, le Dieu tout-puissant, Jésus-Christ, » qui m'a lui-même guérie. — Tu es donc tou- » jours insensée, tu oses encore nommer ton » Christ! — Je professe de bouche et de cœur » que Jésus-Christ est le fils du Dieu vivant ; » je ne cesse de l'invoquer, et je ne crains point » de le faire. »

Le tyran, espérant vaincre sa constance, ordonne de répandre sur un gril des têts très-aigus, d'y placer des charbons ardents et d'y étendre le corps de la jeune martyre (1). Mais, tandis qu'on la roulait sur ce lit affreux, elle pensait à Dieu, et le feu de l'amour divin la brûlait intérieurement. Elle lève les yeux au ciel et s'écrie : « Seigneur Jésus-Christ, qui, » dans la prison, m'avez délivrée de mes fers, » vous avez communiqué au feu sur lequel je » suis placée, la douceur d'une fraîche rosée. » Recevez mon âme, je vous en supplie; il est » temps que vous me laissiez m'endormir dans » votre paix. » Elle avait dit, son âme s'envole

(1) C'est le sujet de la deuxième verrière posée en 1865. Sainte Macre est portée sur les charbons ardents où elle rendra sa belle âme au Seigneur.

au ciel. Les anges viennent à sa rencontre et son époux l'attend dans les douceurs éternelles (1).

Tels sont les actes du martyre de sainte Macre, trouvés dans le recueil de Braine et décrits par Nicolas Belfort, chanoine régulier de Saint-Jean-des-Vignes, à Soissons. Nous les avons simplement traduits, sans y ajouter aucun commentaire. Ils présentent beaucoup de rapport avec les actes du martyre de sainte Agathe, qui mourut en 251 : mêmes supplices, même guérison dans la prison.

Les apôtres de Bazoches, saint Rufin et saint Valère, ne tardèrent pas à être arrêtés par Rictiovare : ce tyran essaya de les amener au culte des faux dieux par une longue détention. Ils reçurent aussi dans leur prison la visite d'un ange qui leur donna force et consolation, dit Flodoard.

« O généreuse martyre, » dirons-nous en reproduisant une hymne de l'ancien office de sainte Macre, « une double couronne ceint votre » front sacré : fidèle au divin époux que votre » âme avait choisi et qui se plaît à reposer sur » les lis et les roses, vous avez uni, pour les lui

(1) Hymne de l'ancien office de sainte Macre.

» offrir, les roses du martyre et les lis de l
» virginité. Comme une épouse attentive à plair
» à son époux chéri, vous avez, pour Jésus
» Christ, vu sans peine votre corps déchiré pa
» les coups ; vous avez compris que des mem
» bres mutilés ne perdent point aux yeux de ce
» époux les charmes de leur beauté. Vous ave
» méprisé les feux qui consumaient ce corps d
» boue : « Ce n'est point, disiez-vous, achete
» trop cher une couronne immortelle. » Athlèt
« courageuse, votre époux vous contemplait d
» haut du ciel, affrontant la mort pour sa loi : i
» combattait avec vous contre les tyrans et con-
» tre l'enfer. Et nous, infidèles à notre Dieu,
» nous cherchons sans cesse les plaisirs, nous
» passons nos jours dans l'oisiveté, nous ne
» travaillons pas à notre salut éternel ! Pour-
» quoi donc, chrétiens, nous avilir dans cette
» indigne paresse ? Le sang de Macre nous
» presse de sortir de notre langueur et de
» notre indifférence (1). »

Sainte Macre cueillit la palme du martyre le 6 Janvier : mais, comme sa fête ne pouvait être célébrée en ce jour, à cause de la solennité de

(1) Hymne de l'ancien office de sainte Macre.

l'Epiphanie, elle était remise au lendemain 7 Janvier (1). C'est par erreur que le chanoine de Saint-Jean-des-Vignes assigne le 2 Mars; il a confondu le jour du martyre avec celui de la translation des reliques.

Le manuscrit de Saint-Waast dit que sainte Macre eut plusieurs compagnes de son martyre : les autres martyrologes ne font mention d'aucune vierge, martyrisée à Fismes en même temps que notre jeune héroïne. Sans doute, elles l'accompagnèrent au lieu du supplice et recueillirent son corps sanctifié par le martyre.

(1) Cette fête était la plus solennelle des trois fêtes en l'honneur de sainte Macre. Double avec octave solennelle, annuel majeur, double de première classe.) Après les 2mes vêpres de l'Epiphanie, le 6 Janvier, on chantait les 1res vêpres de sainte Macre ; le soir, matines et laudes; le lendemain 7 Janvier, prime, procession dans l'église, tierce, messe solennelle, sexte. Le soir, none et vêpres solennelles. — Le 14 Janvier, jour de l'octave, semi-double de sept cierges, c'est-à-dire, qu'outre les deux cierges près du tabernacle, on allumait, pendant matines et vêpres, sept cierges devant le grand-autel, sur les degrés du chœur.

## 2e PARTIE.

# CULTE DE SAINTE MACRE.

« Louons, est-il dit dans les Saintes Ecri-
» tures (1), louons ces hommes pleins de
» gloire qui sont nos pères et dont nous
» sommes la race. Le Seigneur a signalé
» en eux sa grande puissance : ils ont été
» riches en vertus, ils ont aimé avec ardeur la
» véritable beauté, celle qui réside en Dieu. Ils
» furent remplis de charité et de miséricorde ;
» les œuvres de leur piété subsisteront à jamais.
» Leurs corps ont été ensevelis en paix ; leur
» nom vivra dans la suite des siècles. Que les
» peuples publient leur sagesse et que l'assem-
» blée sainte chante leurs louanges. » — Ces paroles du livre de l'*Ecclésiastique* s'appliquent à notre sainte patronne : elle a été riche en vertus, elle a aimé avec passion la véritable beauté, le Seigneur a signalé en elle sa puissance, elle mérite donc que les peuples publient sa sagesse et chantent ses louanges.

(1) Livre de l'*Ecclésiastique*, chap. XLIV.

Toutefois, le culte des fidèles envers sainte Macre ne paraît point avoir commencé immédiatement après sa mort. Les chrétiens de Fismes s'étaient empressés de déposer le corps de la vierge martyre dans un champ voisin du lieu où elle avait souffert. Près de là s'éleva la première église paroissiale de Fismes, consacrée en l'honneur de saint Martin (1).

Rien ne rappelait le souvenir de sainte Macre et de ses précieuses reliques. Qu'importe, après tout, aux saints d'être plus ou moins honorés sur la terre ! Ils possèdent au ciel une récompense infinie, à laquelle les hommages des hommes ne peuvent rien ajouter. Ce n'est point pour eux, c'est pour nous, c'est pour notre

(1) On sait en quelle vénération était saint Martin dans les Gaules. Dans tout le diocèse de Reims, dit Flodoard, il y a un très-grand nombre d'églises dédiées à ce saint; elles ont été rendues célèbres par des miracles innombrables.

L'incrédulité la plus dédaigneuse ne peut révoquer en doute les merveilles opérées par l'intercession de ce grand thaumaturge.

Il serait à désirer que quelque souvenir dans Fismes, un nom donné à une place, à une rue, une statue au moins dans l'église, rappelât la mémoire du premier patron de la cité.

propre avantage que nous rendons aux élus de Dieu un culte solennel (1), que nous leur adres-

(1) Le culte des saints est conforme à la droite raison. Lorsque nous voyons ici-bas quelqu'un se distinguer par de brillantes qualités, par le génie, par des exploits guerriers, par de beaux exemples laissés à la postérité, ne nous sentons-nous pas portés à l'honorer? Et que ne fait-on pas pour les grands hommes de la terre? On proclame leurs louanges, on les couvre de distinctions, on leur décerne des titres d'honneur, on leur dresse des arcs de triomphe, on leur érige des statues. Tout cela est juste, légitime, raisonnable. Admirons, je le veux bien, toutes les grandeurs humaines; saluons, partout où nous le rencontrerons, le génie au service d'un grand cœur; acclamons les noms des poètes, des orateurs, des artistes, des philosophes, des capitaines dont la gloire brille d'un éclat incontesté. Mais convenons que la grandeur la plus vraie, l'héroïsme réel, appartient aux saints du christianisme. Se vaincre soi-même, être roi de son propre cœur, pardonner aux hommes leurs injustices, à la fortune ses disgrâces, mépriser les honneurs que l'ambition recherche, aimer la vérité au point de lui sacrifier sa tête, conserver une âme égale au milieu des accidents de la vie, passer sur la terre en faisant le bien même à ses ennemis et à ses persécuteurs, c'est un courage qui en vaut bien un autre. On accuse les saints de petitesse d'esprit, sans doute parce qu'ils ont mis leurs actes d'accord avec leurs convictions! Ils dissertaient sur la vertu moins bien que les philosophes peut-être, mais ils la pratiquaient mieux! S'ils étaient moins concluants dans leurs livres, ils étaient plus conséquents

sons nos vœux et nos prières. D'après la doctrine catholique, nous ne sommes avec les bienheureux du ciel qu'une même famille dont Dieu est le père commun. En vertu de cette communion des saints, il se fait un commerce perpétuel entre les habitants du ciel et les justes de la terre ; mais ce commerce est tout à notre profit. De la terre s'élève la prière, du ciel descend le secours.

Cependant, dans les desseins providentiels de Dieu sur notre pays, sainte Macre devait être la patronne, c'est-à-dire la protectrice de Fismes; son tombeau devait être entouré, pendant la suite des siècles, des hommages de la reconnaissance des peuples.

dans leur conduite! Ils ont prêché par la parole, et, ce qui vaut mieux, par leurs exemples, la fidélité au serment donné, le respect des puissances, l'obéissance aux lois, l'honnêteté dans les transactions humaines. Au milieu des siècles les plus pervertis ils ont protesté par la voix de leurs vertus, et si nous possédons encore aujourd'hui une civilisation restée chrétienne malgré les désordres publics; si la justice, le droit, les bonnes mœurs jouissent encore de quelque respect parmi nous, nous le devons aux saints qui, debout au milieu des flots des passions humaines, ont opposé par leur vie une barrière au torrent de la concupiscence qui tend toujours à déborder dans le monde. Les saints ont été les sauveurs de l'humanité : ils sont dignes de notre admiration, dignes de tout notre amour.

De longues années s'étaient écoulées. Les vieillards racontaient encore à leurs enfants l'histoire de la vierge fismoise, qu'ils avaient apprise sur les genoux de leurs mères, et ils indiquaient d'une manière vague le lieu de son martyre. On était au VI^e siècle. Un berger, dit Flodoard, homme simple et craignant Dieu, nommé Landulphe, faisait paître son troupeau près de l'église de Saint-Martin. Comme le patriarche Jacob, il s'endormit et eut une vision. Un ange lui apparut et lui dit : « La terre que » tu foules est une terre sainte ; une vierge » l'a marquée de son sang, son corps repose » ici sans honneur et sans gloire. Va trouver le » prêtre de Saint-Martin, dis-lui de placer dans » son église les précieux restes de la vierge » Macre. » — Le berger se lève, se hâte de se rendre à l'église voisine. Il fait part au prêtre de sa mission. Le clergé se rend au lieu indiqué ; le peuple accourt : on ouvre la terre ; on trouve la tête, les ossements de sainte Macre. Chacun veut voir, veut baiser les saintes reliques si longtemps oubliées ; les malades s'empressent, car sainte Macre va manifester sa puissance. Les hommes les plus honorables et en même temps les plus religieux se font un devoir et un bonheur de transporter sur leurs épaules le corps de sainte Macre en l'église de Saint-Martin (1). La foi du peuple fut récompensée : des aveugles recouvrèrent la vue ; des sourds, l'usage de l'ouïe ; des boiteux furent guéris (2). La dévotion envers sainte Macre était dignement inaugurée : elle devait se conserver, se perpétuer à travers les âges, toujours plus vive, toujours plus autorisée par le Seigneur. Les fidèles y trouvèrent un secours toujours prêt. « Quiconque était dans l'affliction recourait à cette » sainte patronne ; celui à qui sourit la pros- » périté implore également sa protection. Les » mères agenouillées prient pour leurs enfants ; » les épouses demandent la conversion d'un » époux éloigné de Dieu (3). »

Cette invention des reliques de sainte Macre est l'objet de la seconde fête que l'on célébrait en l'honneur de sainte Macre le 2 Mars (4);

(1) Porter les reliques des saints, leurs châsses dans les processions solennelles, a toujours été regardé comme un honneur, envié par les principaux habitants des cités.

(2) FLODOARD.

(3) Office de sainte Macre.

(4) Cette fête était moins solennelle que celle du 7 Janvier (2me double moins solennel,— solennel mineur,— ou double de deuxième classe). Si cette fête tombait un

c'est aujourd'hui la seule fête liturgique de notre sainte patronne (1).

L'église de Saint-Martin ne devait pas longtemps conserver le trésor qu'elle possédait. Ravagée d'abord par les Vandales, vers l'an 400, en partie détruite par Childebert, roi d'Austrasie, par Chilpéric, roi de Soissons, vers 540, de nouveau dévastée par Frédégonde et Brunehaut, vers 600, la ville de Fismes ne resta point dans la plaine, elle fut rebâtie sur le penchant de la colline. Elle était ainsi protégée au nord par la Vesle, à l'ouest par l'Ardre, à l'est et au midi par un château-fort ou tour, célèbre dans l'histoire du pays (2). On ne pouvait laisser dans la partie désormais abandonnée de la ville, ce

dimanche, on la renvoyait au lundi. L'office était presque en tout semblable à celui du 7 Janvier.

(1) Cette invention et première translation des reliques de sainte Macre est aussi le sujet de la troisième verrière en l'honneur de sainte Macre (1866). On voit à droite le berger Landulphe et les fossoyeurs qui ont retiré le corps de la sainte : une procession se dirige vers l'église de Saint-Martin. Les notables de la cité portent la châsse : des malades sont guéris sur le parcours du cortége ; une partie du clergé attend au seuil de l'église le dépôt qui va lui être confié.

(2) Manusc. Gerv.

qu'il y a de plus précieux pour les Fismois, le palladium de la cité, les reliques de sainte Macre. Où les déposer ? Evidemment dans l'endroit le plus sûr, au sommet de la nouvelle ville, tout près du château fortifié.

On y contruira une église, ou du moins un oratoire qui sera la *martyrie* ou *confession* de sainte Macre, *martyrium sanctæ Macræ* (1). Dès lors, l'église de Saint-Martin, abandonnée, ne tarda pas à tomber en ruines (2); il n'en reste plus de vestiges : on croit communément qu'elle était à l'endroit où est aujourd'hui la croix dite *de la Mission*.

L'oratoire construit près de la citadelle en l'honneur de sainte Macre fut sans doute bientôt insuffisant ; le temple, construit à la hâte, était peu digne de l'illustre martyre. Les temps devinrent meilleurs : le génie de Charlemagne donnait l'impulsion à tous les arts. Un homme

(1) On appelait *martyrie* une église dédiée à un martyr ; *confession*, la partie de l'église où était son tombeau, la chapelle qui renfermait ses reliques. C'est ainsi que l'on dit : j'ai visité la *confession de saint Pierre*.

(2) L'absence de documents historiques ne nous permet pas de préciser l'époque où l'église de Saint-Martin cessa d'exister, où l'église de Sainte-Macre devint l'église paroissiale de Fismes.

pieux et puissant, dit Flodoard, qui passait sa vie à relever les sanctuaires du vrai Dieu (*sacrarum ædium strenuus auctor et conditor*), Dangulphe (1) conçut la généreuse pensée d'agrandir, ou peut-être même de reconstruire de fond en comble le sanctuaire de sainte Macre(2). Quel fut l'emplacement du nouveau temple, quelles en furent la grandeur et la forme ? L'histoire ne dit rien à ce sujet. L'office particulier de sainte Macre l'appelle une magnifique basilique.

(1) Celui qui présida à l'invention des reliques de notre sainte patronne porte dans l'histoire le nom de Landulphe; cette ressemblance de nom pourrait induire à croire qu'il s'agit, dans ces deux circonstances, de deux personnes de la même famille. Le berger du VIe siècle sera devenu célèbre et puissant parmi ses concitoyens.

(2) Sujet de la quatrième verrière de Sainte-Macre (placée en 1864). A droite, sous les armoiries de la cité, on voit les habitants descendant par une porte de la ville. Le comte Dangulphe, à genoux, tient entre ses mains le plan d'une nouvelle église. (Le peintre, par une licence permise, a dessiné l'église *actuelle*.) Il la dédie à Dieu et à sainte Macre, placés dans la baie gauche du vitrail, près d'une église qui s'écroule. Au centre, un évêque, assisté des membres de son clergé, pose et bénit la première pierre du nouvel édifice.

L'église actuelle n'est point l'édifice construit par Dangulphe ; elle est du XIe siècle, dans ses constructions les plus anciennes (1) ; toutefois, nous croirions très-volontiers que l'ancien oratoire bâti au VIIe siècle et restauré par Dangulphe à la fin du VIIIe ou au commencement du IXe, occupa l'endroit même où est aujourd'hui assise l'église de Fismes. Nos pères aimaient à relever les temples du Très-Haut au lieu où eux-mêmes avaient été baptisés, où ils avaient prié Dieu dans leur première enfance. S'il y avait eu un autre emplacement pour cette église de Dangulphe, au défaut de l'histoire écrite, la tradition nous en eût conservé le souvenir, elle, toujours si fidèle à nous redire ce qui concerne le culte de notre illustre patronne.

La mémoire, ou martyrie, ou église de Sainte-Macre, *martyrium sanctæ Macræ*, devint célèbre; deux conciles y furent tenus ; le premier présidé en 881 par le grand archevêque de Reims, Hincmar ; le second, en 985, présidé par l'archevêque Artauld : sept évêques y assistèrent.

(1) Nous ne retrouvons dans l'église actuelle *aucune* partie qui puisse remonter au VIIIe siècle.

En 926, les Hongrois firent de grands ravages dans nos contrées. Campés à Vailly, ils vinrent piller le pays rémois. Fismes se trouvait sur leur passage. Les habitants ne purent défendre la cité. Espérant que les Barbares respecteraient au moins le temple du Très-Haut, ils s'étaient enfermés avec ce qu'ils avaient de plus précieux dans l'église de Sainte-Macre, et avaient amoncelé près de ses murs la dernière récolte. Les Barbares n'osent forcer l'entrée de l'église : mais ils mettent le feu à ces monceaux de paille. La flamme s'élève, elle s'élance avec fureur jusqu'à la hauteur des toits : l'église reste intacte; Dieu veut sauver et son peuple et les reliques de la vierge martyre. Etonnés, effrayés, les Hongrois se retirent et vont porter ailleurs leurs ravages. Fismes avait été délivrée par sainte Macre.

L'an 1000, cette époque de terreur générale où le monde devait s'abîmer dans le néant, étant passée, on se porta avec une ardeur incroyable à réédifier partout les sanctuaires du Très-Haut. Vers cette époque (1031), Fismes devint la possession des comtes de Champagne, à la condition de faire hommage aux archevêques de Reims : puis, quelques années après, l'archevêque Gui de Châtillon acheta notre ville des comtes de Champagne, et Fismes appartint entièrement à l'Eglise de Reims (1).

Nos archevêques, successeurs d'Hincmar et d'Artauld, voulurent témoigner leur vénération envers sainte Macre : ils lui donnèrent un temple plus digne d'elle et de ses reliques. C'est à ce temps, en effet, et non à l'an 1279, que nous croyons devoir rapporter la construction de l'église actuelle (2).

(1) Archives de Fismes. (M. G.)

(2) La construction du corps de l'église appartient à l'époque du style roman secondaire, au XIe siècle. Voici nos preuves :

1° Le contre-fort n'existe point avant le XIe : à cette époque, il n'a qu'une faible saillie. Tels sont, dans notre église, les contre-forts qui appuient l'abside et les bras du transept : ceux qui soutiennent le pignon oriental ou abside ne s'élèvent même pas à la hauteur de la corniche régnant sous la toiture.

2° Un des caractères les plus marqués de l'architecture du XIe siècle, ce sont les corbeaux ou modillons, ordinairement placés sous la corniche des murs extérieurs. L'abside de notre église les présente parfaitement conservés et figurant des extrémités de solives taillées en biseau, des têtes d'hommes ou d'animaux. La corniche des murs du chœur forme une sorte de draperie ; aux murs des chapelles latérales et du transept, ces modillons supportent des arcades

Vers 1220, Fismes eut à souffrir les horreurs de la guerre. Fidèle aux comtes de Champagne,

demi-circulaires, ce qui indique la seconde moitié du XIe siècle.

3o Au XIe siècle, piliers carrés reposant sur le sol ; chapiteaux ornés de quelques feuilles grossièrement sculptées. C'est ce que nous voyons dans la nef, aux deux piliers les plus rapprochés du chœur, ainsi qu'à l'arc triomphal ou grande arcade, qui sépare la nef du chœur et qui a été ensuite entaillée comme masquant trop la vue du sanctuaire.

4o Les quatre piliers du chœur sont d'une épaisseur excessive ; ils supportent la tour ou clocher de forme carrée, massive, peu élevée au-dessus du toit ; autre caractère du XIe siècle. Dans la partie supérieure de cette tour, sur trois faces s'ouvre une fenêtre géminée à plein-cintre ; le meneau du milieu est un pilier carré ayant une simple doucine pour chapiteau (ces ouvertures avaient été fermées au XVIe siècle, dans le tiers de leur hauteur, par des pierres de grand appareil : on les a rétablies dans leur forme primitive en 1865). Le dôme et la lanterne qui surmontent la tour sont modernes; ils appartiennent au XVIIe ou au XVIIIe siècle.

5o L'abside est carrée ainsi que les deux chapelles latérales primitives, dont l'une est aujourd'hui l'entrée de la sacristie ; l'autre, longtemps fermée et servant de réserve ou magasin, vient d'être rendue à sa destination primitive et consacrée à la mémoire de sainte Macre : c'est l'oratoire des reliques, la confession de Sainte-Macre. Ces deux petites chapelles latérales primitives, assez étroites, voûtées en berceau de cave comme le transept, indiquent le XIe

elle opposa une vigoureuse résistance au comte de Boulogne, seigneur de Braisne; la ville fut incendiée, la tour détruite. L'église subit les

siècle. (Les nefs latérales primitivement n'étaient point plus larges que ce petit oratoire : ce n'est qu'après l'incendie du XVIe siècle qu'elles furent reconstruites sur de plus grandes dimensions, demandées par la population croissante de la ville, mais non proportionnées à la largeur de la nef principale.)

6o Le transept, faisant une saillie notable au dehors, accuse encore le XIe siècle. Nous retrouvons le XIe siècle dans les fenêtres à plein-cintre du sanctuaire, fenêtres d'une grande simplicité, sans moulures ni colonnes, en nombre impair, trois au-dessous, deux dans la partie supérieure. (Au XIe siècle, les fenêtres ressemblaient parfois à de véritables meurtrières.)

Nous croyons donc pouvoir affirmer que la construction de notre église dans son ensemble remonte à la deuxième partie du XIe siècle. En général, l'aspect extérieur de l'édifice n'est point agréable ; les toitures de chacune des travées des nefs latérales (XVIe siècle) forment une suite de pignons peu gracieux qu'il eût fallu du moins orner de quelques sculptures ; leur faîtage, en s'adossant contre les fenêtres de la grande nef, ôte une partie du jour que l'église devrait recevoir par les ouvertures supérieures. Le portail surtout ne fait pas honneur à notre cité.

On pourrait facilement rendre à l'intérieur de l'église de Fismes son caractère premier, le ramener au pur roman du XIe siècle ; il suffirait de supprimer les autels qui ferment les deux chapelles latérales primitives.

conséquences de la guerre; l'incendie la dévasta, les voûtes furent endommagées, les murs résistèrent.

En récompense de sa fidélité, Thibault de Champagne affranchit Fismes (1226), en fit une commune ayant son maire et ses jurés; la charte des privilèges de la cité est demeurée célèbre (1). L'église de Sainte-Macre fut restaurée et agrandie.

Le XIIIe siècle, qui vit partout éclore nos plus beaux monuments religieux, voulut payer son hommage à la glorieuse patronne de la cité. Des voûtes gothiques remplacèrent les voûtes en berceau, sans grâce et sans beauté. Des faisceaux de colonnettes adossées aux énornes piliers du clocher en soutinrent les arceaux et les nervures (2). On ajouta près de l'église une sorte de monastère ou prieuré, sans doute celui dont il est question dans D. Marlot en 1250 (3).

(1) Archives de Fismes. (M. G.)

(2) Toutefois, on ne voulut point refaire la charpente du sanctuaire; à cette cause est due la forme surbaissée et brisée des nervures de cette partie de la voûte. Dans la travée du chœur, on éleva la voûte pour lui donner une courbure plus gracieuse.

(3) Dans la charte de 1386, citée ci-après, il est dit que les bourgeois de Fismes avaient « retrait leurs biens à l'église

Ces restaurations intérieures de l'église furent tellement importantes qu'elles nécessitèrent une nouvelle dédicace. La cérémonie fut faite par l'archevêque Pierre Barbet, en présence de Marguerite, comtesse de Flandre [1279] (1).

Le XIVe siècle est marqué par les guerres des Anglais, par les dévastations de la Jacquerie et des Grandes-Compagnies : les Anglais occupent nos contrées en 1349. Les Fismois, fidèles au roi de France, souffrirent d'affreuses vexations. En 1373, ils soutiennent contre l'armée anglaise un siége formidable de trois semaines, et ne se rendent que quand leurs murs sont tombés sous les coups de 350 bouches à feu (2). L'église, voisine du château, dut souffrir des

» et *moustier parochial* de la ville de Fismes, » afin d'échapper à la rapacité des gens de guerre.

(1) Cette date a été désignée comme l'époque de la construction de l'église actuelle. C'est une erreur. On a confondu une restauration avec la construction primitive.

(2) Le château de Fismes avait alors pour gouverneur Eustache Deschamps, huissier d'armes de Charles V, l'un des plus célèbres poètes de son époque. Intrépide voyageur, il parcourut l'Europe, visita la Palestine et l'Egypte, fut quelque temps esclave chez les Musulmans. Il mourut en 1422, âgé de 94 ans. (Archives de Fismes. — M. G.)

atteintes des boulets ; son trésor contribua à la rançon de la ville (1).

En 1385, nouveau pillage de la ville, nouvel incendie de l'église de Sainte-Macre.

Citons le fait en rapportant le texte même de la requête par laquelle le duc de Bourgogne et le lieutenant général Blanchet demandent au roi Charles VI la remise de deux années de taxe (2) :

« Le dimanche devant Noël, ainsi comme à
» l'heure du premier somme, par cas fortuit,
» ou autrement, ne surent comment, prit et
» s'alluma le feu en ladite église, et monta si

(1) C'est deux ans après cette mémorable défense, en 1374, que l'on construisit l'hôtel-de-ville. La cité, étant épuisée par la rançon payée aux Anglais, ne put élever un monument digne de sa destination. Nous appelons de tous nos vœux le moment où cet édifice informe, objet de la risée de tous les étrangers, disparaîtra pour faire place à un monument en rapport avec l'importance de la ville. Espérons que l'administration municipale, qui a déjà tant fait pour l'amélioration du pays, saura s'imposer de nouveaux sacrifices qui ajouteront un nouveau titre à sa gloire.

(2) L'incendie de l'église n'est pas la seule cause qui provoque cette requête. La ville avait été pillée par les armées venues de Flandre ; 400 cavaliers l'occupèrent pendant quinze jours. (Arch. de Fismes.— M. G.)

» soudainement au clocher couvert en arcils que
» nul remède ne put se trouver ni mettre, que
» toute ladite église, *qui étoit grande et notable*,
» en fut embrasée, et *plusieurs cloches* fondues
» et les autres chu ou cassées (1) ; plusieurs
» hommes et femmes méhauguiés et étant à
» trois hommes morts et cremautés (brûlés),
» et tous les biens illic retraits (renfermés en
» l'église), ars (brûlés), perdus et gâtés, sans
» en pouvoir piou ou néant sauver, ni les se-
» cours, fors seulement la personne de Notre
» Seigneur Jésus-Christ, et la fierte (châsse) du
» corps saint de ladite ville, que le lieutenant
» de notre dit châtelain (2) fit sauver à très-
» grande peine et porter en ladite tour..... »
La sainte Eucharistie et la châsse de sainte Macre avaient seules été arrachées à l'incendie : c'est là un témoignage de la profonde vénération que l'on portait aux reliques de notre sainte patronne. La perte de l'église était évaluée à 6,000 livres : Charles VI fit remise de deux années de taxe, à la charge par les habi-

(1) Fismes avait déjà plusieurs cloches en 1385.

(2) Le gouverneur du château était Eustache Morel.

tants de reconstruire et réparer leur église (1). .

La dévotion envers sainte Macre devait encore recevoir un nouvel accroissement quatre ans après cet incendie. Le 3 Août 1389, la onzième année du pontificat de Clément VII, Richard Pique, archevêque de Reims, fit une translation solennelle des reliques de sainte Macre dans une châsse nouvelle, présentant la forme d'un *ostensoir* ou soleil. Le procès-verbal de cette cérémonie nous a été conservé (2).

Le peuple de Fismes est réuni dans le lieu où se tiennent d'ordinaire les comices ou plaids laïcs ; il veut vénérer sa patronne, acclamer la protectrice de la cité. Etaient présents Gaucher de Châtillon, Defaux, Jean de Fismes, le chanoine Rainfroid, Jean d'Attigny, des frères mineurs de Reims; Guillaume Salomon, maître des hospices ; Nicaise de Crémore, bailli de Reims ; Pierre Bilem, aumônier de l'évêque; Jean Baron, *chapelain ordinaire de la ville de Fismes ;* Mathieu Forgelet, chanoine de Mont-Notre-Dame ; Pierre de Sarcy, maire de Fismes ;

(1) Arch. de Fismes. (M. G.)

(2) Nous devons communication de ce procès-verbal à l'obligeance de M. Barbey-Lapy, qui en possède une copie fort ancienne.

Etienne Maillefer, son lieutenant ou adjoint ; Herbin Pollet, Herbin Guichard, maître Jean, chirurgien, et autres personnes de la ville de Fismes et lieux environnants.

L'archevêque, revêtu de ses habits pontificaux, bénit la châsse nouvelle, y transfère les ossements, les anciens suaires de la bienheureuse vierge et martyre sainte Macre. Les ossements sont reconnus par le chirurgien Jean. Le chapelain Simon d'Attigny les présente à la vénération du clergé et du peuple. C'est d'abord la tête avec les mâchoires et plusieurs dents ; ce sont deux os de l'avant-bras, un tibia, un os des hanches (1), une côte, vingt-huit petits ossements, de la poussière provenant des ossements, enveloppée dans un voile de soie. Tout est soigneusement replacé par l'archevêque dans la nouvelle châsse.

Les principaux habitants de la cité jurent que ces ossements, suaires et poussière sont bien ceux que leurs pères ont toujours reconnus comme reliques de sainte Macre. La châsse est

(1) Ce qui est ici marqué comme os des hanches est désigné dans d'autres procès-verbaux comme étant l'omoplate. Le chirurgien Jean n'était peut-être pas très-fort en anatomie.

refermée, le procès-verbal y est déposé, et le sceau épiscopal témoignera aux siècles futurs de l'authenticité des reliques de la sainte martyre.

Cet acte public, solennel, est pour nous très-important ; il nous fait connaître l'état des reliques de sainte Macre en 1389. Nous verrons qu'en 1566, la mandibule contenant onze dents fut mise à part et enfermée dans un autre reliquaire (1) ; qu'en 1643, on détacha de la grande châsse un os de l'avant-bras pour l'église de Fère-en-Tardenois, l'extrémité du fémur pour Longueval, une partie de l'omoplate pour l'abbaye de Bourgueil ; qu'en 1759, Longueval obtint encore un petit os de l'avant-bras et un os du tarse, le calcaneum, pour remplacer la relique donnée en 1643 et perdue dans les guerres de la Fronde. A la même ouverture de la châsse (1643), la plus grande partie de l'omoplate fut donnée à l'abbaye de Vermand, dont était abbé commendataire Mgr Hachette des Portes, évêque de Cydon, chanoine de Reims, qui fut chargé par l'archevêque Armand-Jules de Rohan de faire cette dernière translation.

La solennelle translation de 1389 laissa de

(1) Elle est aujourd'hui renfermée avec la tête dans un voile de soie : il ne reste que trois dents.

profonds souvenirs dans l'esprit de la population fismoise. Une fête, la troisième de l'année en l'honneur de sainte Macre, fut instituée ; elle se faisait le 3 Août (du rite 2me double moins solennel, solennel mineur ou double de deuxième classe). Elle attirait un grand nombre de prêtres et de clercs du dehors. Ils étaient hébergés *au pricuré*, aux frais collectifs du chapitre de Reims et des religieux de Saint-Corneille de Compiègne, gros décimateurs par indivis de l'église de Sainte-Macre (1). Le 3 Août

(1) Le chapitre de Reims et les religieux de Saint-Corneille de Compiègne touchaient la dîme à Fismes (le chapitre, un tiers ; les religieux, deux tiers). Le 10 Septembre 1437, une transaction a lieu entre MM. du chapitre de Reims et les religieux de Saint-Corneille d'une part, et les habitants et communauté de *Fismes*, *Fismette*, *Court et Villette*, d'autre part, lesquels veulent laisser toutes les réparations de l'église à la charge des décimateurs, à chacun en proportion de leur part des dîmes. Par cette transaction, le chapitre et les religieux abandonnent une partie des dîmes ; le chapitre touchera désormais un quart, les religieux de Saint-Corneille deux quarts. L'autre quart est concédé aux habitants, qui seront tenus à perpétuité de faire à leurs dépens les réparations de l'église. On devra 5 septiers de blé au *marguillier qui sonne les cloches*, lui fournir de la paille pour joncher dans l'église *aux fêtes solennelles*. (L'original de cette transaction existe à la Bibliothèque de la ville de Reims.)

1420, le conseil de la ville de Fismes établit un titre qui impose cette charge aux décimateurs mentionnés.

La translation du mois d'Août ne se célèbre plus à l'église ; mais elle est l'origine de la foire et de la fête civile qui ont lieu dans les premiers jours du mois d'Août.

Le XVe siècle et la première moitié du XVIe siècle ne nous offrent rien de particulier sur le culte de sainte Macre (1). Chaque année, aux trois fêtes solennelles, l'affluence des fidèles était grande autour des reliques de la sainte patronne ; chaque année, de grands fruits de vertus étaient produits par ces pieux pèlerinages. « Les tombeaux des saints sont, en effet, une » excellente prédication, dit saint Jean-Chrysos- » tôme ; ils excitent ceux qui les visitent à » imiter leurs exemples. Lorsqu'on s'arrête au- » près d'une châsse qui renferme les osse- » ments d'un saint, on ressent aussitôt inté- » rieurement les effets de sa puissance. Ce spec- » tacle saisit l'âme, la presse, l'affecte, l'anime » au bien. Le saint dont les os sont ici renfer- » més, semble être présent à nos yeux, prier

(1) C'est en 1410 que fut fondé l'Hôtel-Dieu, plus tard doté par Nicolas Colbert.

» avec nous. Nous sortons du temple remplis » d'une sainte ardeur et changés en des hommes » tout nouveaux. »

L'affluence dut être plus grande encore en 1414 : une mortalité effrayante ravagea notre pays pendant plus d'un an. Les enfants de sainte Macre eurent recours à leur sainte protectrice.

Dix ans plus tard (1424), Fismes, occupé par les Anglais, fut repris par le roi Charles VII. La tour resta au pouvoir des Anglais. Pendant la lutte, les habitants s'étaient retirés dans l'église, sous la garde de la puissante martyre (1).

Pendant cent trente ans, l'histoire se tait sur sainte Macre et son église. En 1565, le 1er Septembre, un crime inouï vint jeter l'effroi dans la cité. Trois individus du pays soissonnais entrèrent, la nuit, dans l'église de Fismes et

(1) En 1300, les foires et marchés avaient été concédés à la ville de Fismes. En 1315, le marché fut fixé au dimanche par ordonnance royale : l'archevêque de Reims réclama sans obtenir gain de cause. Le 6 Juillet 1428, le maire et les jurés de Fismes prirent une délibération par laquelle le marché fut transféré du dimanche au samedi : le jour n'a pas changé depuis cette époque. (Arch. de Fismes.—M. G.)

emportèrent la châsse de sainte Macre. Le lendemain, dès la pointe du jour, le custode ou gardien de l'église s'aperçoit du vol sacrilége : tout le monde est sur pied, on parcourt la campagne, on descend dans les ravins, on sonde les bois d'alentour. Enfin, à l'endroit autrefois appelé *Trouée de Villesavoye*, on retrouve la châsse (en forme d'ostensoir) et ses cachets intacts. Les pierres précieuses, les émaux qui la décoraient ont disparu. Qu'importe ? Le véritable trésor reste, « les reliques de la sainte » se retrouvent les mêmes en qualité et en » quantité que le constate le procès-verbal de » 1389 (1). » On rapporte triomphalement la châsse miraculeuse. Deux des voleurs furent arrêtés et exécutés sur la place du Marché, à Soissons.

Ce sacrilége du 1er Septembre 1565 demandait une solennelle réparation. Une nouvelle châsse est commandée aux artistes les plus célèbres, et le lendemain de Pâques, 15 Avril 1566, par ordonnance et délégation du cardinal de Lorraine, archevêque de Reims, la nouvelle châsse est bénite par M. de Montnampteuil (2),

(1) Archives de Fismes. (M. G.)

(2) Un arrêt de parlement du 22 Mai 1534 nous fait

curé de Fismes : les reliques de la patronne y sont renfermées, à l'exception de la mandibule ayant onze dents ; on la destine pour un reliquaire spécial. A cette cérémonie, moins solennelle que la translation de 1389, étaient présents : Jérôme de Grossaine, lieutenant à Fismes du bailli de Vitry ; Pierre Billet, procureur du roi ; Antoine Cullot, maire ; Pierre Thierry, procureur de la ville; Jean Mennessier et Claude Levermé, jurés ; Claude Aubry, Robert Aubriot, Etienne Planchon, Alexandre Maraigay. Le procès-verbal de cette translation fut reçu par Antoine Jacquier et Martin Billet, notaires.

Le nom du grand cardinal de Lorraine rappelle le souvenir du concile de Trente et des Huguenots, ces disciples de Calvin qui, au nom de l'orgueilleuse raison, protestèrent contre l'autorité de Dieu et de son Eglise. Ennemis de l'autorité divine, ils s'insurgèrent contre l'autorité humaine; leur ambition enfanta les guerres dites *de religion*, quoique la religion n'en ait été que le prétexte, tandis que la politique en fut la véritable cause. Nos contrées eurent

connaître le nom d'un autre curé de Fismes : M. Amaury Pastoureau, curé en 1534.

beaucoup à souffrir dans ces guerres malheureuses.

Le 5 Février 1568, la ville de Fismes fut prise et rançonnée, les habitants passés au fil de l'épée. L'église de Sainte-Macre devint encore une fois la proie des flammes, et l'incendie fut si violent que le métal des cloches coula par ruisseaux. Le feu détruisit toute la charpente et endommagea considérablement la nef principale, ainsi que les bas-côtés de l'église ; le porche ancien disparut. Les traces de cet incendie se voient encore dans les pierres toutes calcinées du clocher.

Quoique réduite à une grande misère par les guerres dont le pays fut le théâtre pendant près de trente ans, la ville de Fismes trouva dans son amour de sainte Macre, dans son zèle pour la religion, les ressources que demandaient la restauration de l'église et la fonte de nouvelles cloches (1). Les bas-côtés furent relevés dans

(1) La plus grosse des trois cloches de Fismes, la seule qui nous soit restée des siècles antérieurs, porte l'inscription suivante : « Au mois de Mars 1573, par l'advis » des habitans de cette ville, Baudesson, Thubé et Adrian » Wytasse, marguilliers de cette ég'ise, ont faict refondre » ces trois cloches de la mette (métal) des quatre cloches

le style de l'époque, gothique flamboyant (1) ; on leur donna plus de largeur (2), ce qui nécessita une nouvelle disposition des combles. Chaque travée eut son pignon et son toit distincts, venant s'appuyer contre les murs, et parfois contre les fenêtres de la grande nef. Les voûtes de ces bas-côtés eurent moins d'élévation que les nefs latérales anciennes (3). Les fenêtres du transept furent agrandies et modifiées ; leurs compartiments contournés ressemblent à des flammes, à des cœurs allongés. La chapelle de la Sainte-Vierge fut embellie de peintures murales (4). Une sacristie spacieuse et voûtée

» qui furent brûlées à la prise de cette ville au mois de » Février 1568. »

(1) « Les nervures prismatiques et creuses sont, dit » M. de Caumont, le caractère le plus frappant de l'ar- » chitecture ogivale de la troisième époque. »

(2) Nous regardons comme incontestable que les nefs latérales primitives n'avaient que la largeur de l'arcade ogivale donnant entrée dans les chapelles latérales, c'est-à-dire deux mètres et demi de moins que les bas-côtés actuels.

(3) On en trouve la preuve dans la nef principale : les arcades qui la séparaient des bas-côtés primitifs s'élevaient presque à la hauteur des fenêtres de la grande nef : on les reconnaît encore dans les deux dernières travées.

(4) Nous avons retrouvé des vestiges de ces peintures ou arabesques (1865), en grattant les murs de l'oratoire de Sainte-Macre.

fut ajoutée à la partie méridionale de l'église (1). Vinrent ensuite la restauration de la nef principale (2) et la construction du nouveau porche (3). Ces travaux sont d'autant plus remarquables et témoignent d'autant plus du zèle de nos ancêtres pour le culte de sainte Macre, qu'à cette époque Fismes avait encore à souffrir des guerres entre Henri IV et la Ligue (1590) : le duc de Parme occupa Fismes le 25 Novembre, l'abandonna le lendemain, poursuivi par Henri IV, et campa

(1) La sacristie actuelle date de la fin du XVIe siècle ; des inscriptions funéraires qui s'y trouvent, portent la date de 1602, de 1613, de 1639. Elle a été construite à la suite d'une chapelle latérale qui ne sert plus aujourd'hui que de passage, et qui était autrefois semblable à celle que l'on vient d'ouvrir de nouveau (1866) et de consacrer aux reliques de sainte Macre.

(2) On tailla les colonnes rondes qui existaient primitivement et qui se retrouvent encore au-dessus des voûtes : on en fit des pilastres carrés supportant les nervures de la voûte. Nous sommes à la dernière époque du gothique : le porche sera déjà d'un style différent.

(3) Le porche actuel est de la fin du XVIe siècle, de style Renaissance. Plusieurs inscriptions funéraires qui y sont gravées portent les dates de 1590. L'ancien porche, de style roman, avait, sans doute, été endommagé ou détruit par l'incendie.

sur les hauteurs de Blanzy, où il demeura jusqu'au jour où Henri IV, ayant reçu des renforts, força l'ennemi à se retirer.

Nous arrivons au 10 Juin 1643. L'archevêque de Reims Léonor d'Etampes de Valençay est à Fismes, que gouverne comme curé, depuis vingt-cinq ans au moins, M. Henri Bazin (1), l'auteur du panégyrique de sainte Macre.

Le culte de notre sainte patronne n'est pas renfermé dans les murs de la cité ; Fismes est devenu le lieu d'un pèlerinage bien fréquenté ; on y vient de loin vénérer la vierge martyre et ses saintes reliques. On nous envie ce riche trésor, plus précieux aux yeux de la foi que l'or et les diamants. La ville de Fère-en-Tardenois, le village de Longueval, qui reconnaissaient sainte Macre pour patronne, ont fait des instances vives et réitérées ; ils ont présenté une requête à l'archevêque de Reims, le suppliant d'étendre

(1) La bibliothèque de la ville de Reims ne renferme que très-peu d'archives relatives à Fismes. On y trouve quelques actes concernant les dîmes, un, entre autres, du 13 Octobre 1628 : les novales, terres nouvellement défrichées et sur lesquelles les curés avaient également droit de dîmes, sont réunies à la grosse dîme. M. Henri Bazin renonce au droit de novales, à la condition qu'on lui paiera 80 francs par an.

à leur pays la protection dont les reliques de sainte Macre ont toujours couvert la cité fismoise. Le curé, les habitants sont consultés ; ils accèdent, hélas! à cette pieuse demande. La châsse de sainte Macre est ouverte. Jean Leblanc, médecin à Fismes; Pierre Portepain, chirurgien de l'archevêque, en distraient le radius (os de l'avant-bras), l'extrémité du fémur et une partie de l'omoplate. Sont présents à cette ouverture et complices de cette imprudente concession, avec M. Bazin, curé-doyen de Fismes, le maire, Henri Blanchon ; Henri Levermé, juré ; le procureur syndic ; Jean Colbert, un membre de cette illustre famille des Colbert, qui a donné à la France le grand ministre de Louis XIV, et que Fismes reconnaît pour bienfaiteurs, nous dirions presque fondateurs de son Hôtel-Dieu ; le lieutenant général, Henri Billet, président au siége royal, d'une famille illustre dans les annales du pays ; Jean Billaire et Charles Billaire, le premier lieutenant criminel, le deuxième lieutenant particulier ; Julien Blanchon, procureur du roi ; Henri Frizon, greffier dudit siége ; les marguilliers Charles Thierry et François Grizollet ; les avocats Antoine Renessier et Adrien Tonnelier ;

MM. Daniel Feuillet et Louis Billaire, notaires ; Jean Mocquart, etc. — Les habitants de Fère emportent triomphalement en procession le radius que Fismes leur concède (1) ; le curé de Longueval dépose le fémur dans une châsse que l'on entourera d'hommages et de vénération. Mais désormais Fismes verra de moins nombreux pèlerins.

(1) Le 10 Juin devint pour Fère-en-Tardenois un solennel anniversaire : fête de la translation de sainte Macre, triple de 2e classe. C'était une fête chômée. L'ancien paroissien de l'église de Fère-en-Tardenois (1749) renferme le procès-verbal délivré par l'archevêque de Reims aux curé et habitants de Fère, et l'ordonnance de l'évêque de Soissons autorisant la célébration de deux fêtes en l'honneur de sainte Macre. Nous ne comprenons pas comment les auteurs du magnifique ouvrage : *Gloires archéologiques de l'Aisne*, ont pu dire que c'est « vraisemblablement » au temps de Charlemagne ou après l'invasion des Nor- » mands, *comme le dit le bréviaire de Soissons*, qu'une » partie des reliques de sainte Macre fut transférée à » Fère-en-Tardenois, et que l'église fut probablement » consacrée sous le vocable de cette grande sainte. » Les savants auteurs n'avaient qu'à consulter l'ancien paroissien de Fère-en-Tardenois. Ils avaient, d'ailleurs, à ne pas oublier qu'eux mêmes, page 10e, nous apprennent qu'au temps de Charles le Chauve, Fère était désignée sous le nom de *Cella Sanctæ Macræ*. L'Eglise, dès lors, reconnaissait donc pour patronne l'illustre martyre de Fismes.

L'archevêque de Reims a réservé l'omoplate pour l'abbaye de Bourgueil en Anjou, dont il est commendataire.

Un nouveau procès-verbal est dressé; il relate les deux procès-verbaux du 3 Août 1389 et du 15 Avril 1566 ; il indique les ossements qui restent à l'église de Fismes : ce sont la tête entière, cinq ou six grands os, « les plus beaux » et les moins usés qui se peuvent voir, avec » bon nombre d'autres moyens et petits os et » quelques cendres que ledit archevêque a en- » veloppées lui-même dans un taffetas rouge » neuf (1). »

C'est en cette même année 1643 que M. Henri Bazin fait imprimer son discours ; l'approbation est datée du 15 Novembre 1643. Ce panégyrique est intitulé : Vie de sainte Macre, vierge et martyre, patronne de la ville *de Fismes, de Fère-en-Tardenois et de Longueval-les-Fismes*. L'ouverture de la châsse par Monseigneur de Valençay y est rapportée comme effectuée depuis quelque temps ; il a donc été prononcé après le 10 Juin, peut-être à la fête du mois d'Août.

Les guerres de la Fronde furent désastreuses

(1) Discours de M. Bazin.

pour nos contrées (1). Longueval perdit la re-

(1) La minorité de Louis XIV ayant amené les troubles intérieurs, dits *Guerre de la Fronde*, le gouverneur des Pays-Bas Espagnols, l'archiduc Léopold, dans le but d'aider les factieux, fit, en 1649, invasion dans la Picardie avec une armée de 40,000 hommes : il occupa Fismes, Bazoches, Braisne. Nos pays souffrirent horriblement : mais Dieu avait mis au cœur d'un saint prêtre une charité égale aux malheurs de la France. Saint Vincent de Paul, qui fut pendant un siècle parmi nous l'intendant de la Providence, le bienfaiteur de son siècle, le bienfaiteur des races futures, saint Vincent de Paul ne rejette aucune prière, ne manque à aucun besoin. Il a sauvé la Lorraine des horreurs de la famine : vingt-cinq villes soulagées le comblent de bénédictions ; ce que ne pourrait entreprendre toute la puissance des souverains, Vincent de Paul l'accomplit sans autre appui que sa vertu, sans autre crédit que son zèle. C'est donc à lui que s'adresseront les curés de Fismes, de Bazoches et de Braisne. Mieux que tout ce qu'on pourrait dire, leur lettre des 15 et 17 Octobre 1656, peindra la désastreuse position de notre pays : « . . . Il est in-
» concevable quel traitement nous avons reçu. Nos églises
» ont été profanées, les calices et les ornements emportés,
» les saints ciboires arrachés de nos autels : nos pauvres
» paroissiens ont vécu dans les bois, dans les cavernes,
» où les uns ont été massacrés par l'ennemi, les autres
» enfumés comme des renards, et par ainsi des familles
» entières ont été étouffées. —Ce qui nous reste souffre à
» présent le froid, la faim et les maladies ; car il ne leur
» est pas resté un grain de blé. Il faut qu'ils périssent, si
» Dieu ne suscite quelques personnes pour les soulager par

lique de sainte Macre que l'on avait emportée

» leurs aumônes. Il en meurt en si grand nombre que, » dans le seul lieu de Bazoches, nous en avons enterré *cin-* » *quante en trois jours.* »

Cete lettre fit saigner le cœur du saint prêtre. Malgré plus de 2,600 malades qu'il avait déjà sur les bras, saint Vincent de Paul envoya immédiatement des missionnaires (lazaristes) et des sœurs de charité pour secourir les pauvres de notre vallée. Leur résidence centrale fut fixée à Bazoches et au prieuré de Saint-Thibaut. Ils étendirent leurs soins de Magneux à Paars, sur plus de trente villages.

Deux lettres des missionnaires à leur vénéré supérieur existent encore : elles sont datées des mois de Novembre et Décembre de la même année ; nous en extrayons quelques lignes.

« . . . Ce que nous avons vu surpasse encore tout ce » que l'on vous en a mandé ; car, pour commencer par les » églises, elles ont été profanées, le Saint-Sacrement foulé » aux pieds... Des femmes, des filles ont perdu la vie pour » conserver leur honneur. Nous ne voyons partout que ma- » lades couchés sur la terre, sans aucune assistance, » n'ayant ni pain, ni bois, ni couvertures. Nous trouvons » les vivants avec les morts... Ils sont plus de 1,200 ! Jugez » quelle sera la dépense ! Donnez-leur votre argent, nous » leur consacrons de bon cœur notre vie. »

Et dans la lettre du mois de Décembre :

« Nous pouvons assurer à ceux qui leur ont fait l'aumône » que, depuis notre arrivée en ces quartiers, ils ont em- » pêché de mourir de faim plus de 700 à 800 personnes... » Nous avons plus de 2,000 pauvres, malades ou languis- » sants, desquels il y en a plus de 600 auxquels on ne peut

de Fismes avec tant d'allégresse. Ce fut un deuil pour cette religieuse population, deuil qu'elle porta pendant un siècle, jusqu'au jour où la générosité fismoise leur rendit une nouvelle et non moins importante relique.

Jusqu'ici, aucun titre, aucun acte n'a fait mention de processions solennelles en l'honneur de sainte Macre. L'ouvrage de M. Bazin n'indique qu'une petite procession précédant immédiatement la grand'messe. Le XVIIIe siècle, ce siècle d'impiété, d'attaques furibondes contre la religion, devait être marqué parmi nous par une recrudescence de piété et d'amour pour sainte Macre.

Une procession est une marche triomphale en l'honneur de Dieu ou de ses saints. Un citoyen regarde comme un grand honneur d'accompagner son roi, de faire partie de son cortége : un chrétien s'honore donc en suivant dans une procession le Dieu porté en triomphe dans la fête du Saint-Sacrement, ou les reliques de

» manquer un seul jour, à moins que de les laisser mou-
» rir. »

Reconnaissance donc à saint Vincent de Paul, à ses missionnaires et à ses sœurs de charité !

quelque saint du ciel. Nos pères le comprenaient ainsi. Les processions en l'honneur de sainte Macre étaient des cérémonies tout à la fois religieuses et civiles. Le conseil de la ville, ou conseil municipal, y assistait en corps, et il avait même réglé, le 3 Mai 1723, l'ordre que l'on devait observer dans les deux processions de l'Ascension et de la Pentecôte.

En tête, marchaient les corps de métiers, portant des flambeaux, témoignant ainsi de la vénération que la classe ouvrière de Fismes avait toujours conservée pour la vierge martyre. Puis ce qui, dans la cité, représente l'élément militaire, la compagnie des arquebusiers. Les Dames de Sainte-Marthe ou religieuses de l'Hôtel-Dieu conduisaient vingt-quatre jeunes filles habillées de blanc en signe d'innocence, tenant un cierge en témoignage de leur foi et de leur amour envers sainte Macre. La châsse s'avance lentement, portée par les notables de la cité, qui tous briguent cette honorable distinction. La châsse est escortée des jeunes personnes âgées de plus de treize ans, ayant un cierge à la main. A leur recueillement, il semblerait voir les compagnes de sainte Macre marchant avec elle au lieu du martyre.

Le cortége sort de l'église, précédé de la croix et des bannières flottantes, suivi d'une foule immense ; il traverse, en chantant des psaumes, et des hymnes, les rues de la cité, franchit l'enceinte fortifiée, descend le faubourg de Soissons et s'arrête à la *Croix de Sainte-Macre* (1). En ce moment, la voix du canon retentit sur les remparts. Les chants sacrés, un moment interrompus, recommencent dans l'*Allée de la Mission*. On rentre par la porte dite de *Sainte-Macre.*

L'ordre, au besoin, est maintenu par dix hallebardiers, mis à la disposition du commissaire de police ; la brigade de gendarmerie suit, par honneur, la châsse de la sainte martyre.

Un jour de fête en l'honneur des saints ne doit point être un jour consacré à des plaisirs profanes et licencieux. C'est manquer aux saints, c'est leur faire injure que de se livrer, en ces jours, aux bals et aux danses. Fières de l'honneur d'avoir escorté la sainte martyre, les jeunes filles de Fismes se retiraient, après la cérémonie, dans leur famille, pour s'y livrer à des récréations innocentes.

(1) La croix actuelle est due à la générosité de M. Billet-Petit.

Les cierges qu'elles avaient portés à la procession de 1723, elles en firent don, quelques jours après, à la châsse de sainte Macre, pour employer le produit de leur vente à l'achat de chandeliers d'argent.

La procession solennelle de 1723 avait fait sur les cœurs une telle impression, que le curé de Fismes crut pouvoir, l'année suivante, établir, ou plutôt régulariser, une *confrérie* en l'honneur de sainte Macre.

Etre membre de la confrérie de Sainte-Macre, ce n'est pas seulement faire inscrire son nom sur un registre et donner une aumône annuelle ; c'est professer une dévotion véritable et sincère envers la sainte patronne ; c'est « vouloir suivre
» ses traces et l'imiter autant que le permet la
» fragilité humaine, soutenue de la grâce : c'est
» l'imiter dans sa vie virginale, estimant la pu-
» reté, concevant en soi-même une profonde
» horreur du péché de la chair, et craignant
» ses approches plus que celles de la mort...
» C'est l'imiter en son martyre, en supportant
» avec patience les misères et les calamités de
» la vie présente, se conformant en tout à la
» sainte volonté de Dieu, etc. (1). »

(1) Discours de M. Bazin.

La confrérie de sainte Macre existait avant 1724 ; elle se composait de fidèles désireux « de » travailler plus particulièrement à leur salut, » en s'exerçant à des œuvres de piété (1). » Monsieur Froment voulut les aider dans cette œuvre du salut, en sollicitant de Rome la concession de précieuses indulgences. Le pape Benoît XIII accorda, le 8 Juin 1724, les grâces demandées (2), et la confrérie de Sainte-Macre, ainsi favorisée par le Saint-Siége, compta bientôt de nombreux fidèles ; tous, grands et petits, s'enrôlèrent à l'envi sous la bannière de la vierge martyre. En 1726, quatre cents familles de Fismes se firent inscrire sur cette liste d'honneur (3).

(1) La bulle donnée par Benoît XIII en 1724 suppose la confrérie existant antérieurement : peut-être n'avait-elle pas reçu d'institution canonique.

(2) Voyez l'opuscule : *Confrérie de Sainte-Macre en 1726*, publié en 1865.

(3) Les pays qui, après Fismes, ont fourni, en 1726, le plus de confrères de Sainte-Macre, sont, par ordre alphabétique : Arcis-le-Ponsart, Baslieux, Blanzy, Braisne, Breuil, Chéry, Courville, Crugny, Saint-Gilles, Glennes, Hourges, Jonchery, Lagery, Limé, Longueval, Magneux, Maizy, Montigny, Mont-Notre-Dame, Mont-Saint-Martin, Quincy, Révillon, Serval, Serzy-Maupas, Unchair, Vailly,

Monsieur Henri Hachette Desportes, évêque de Cydon, suffragant de l'archevêque de Reims, du prince Armand-Jules de Rohan, grand-archidiacre et chanoine de Reims, abbé commendataire de l'abbaye de Vermand, etc., faisant, en 1759, la visite du diocèse, vint à Fismes le 2 Mars, jour de l'Invention des reliques de sainte Macre. « Revêtu de ses habits pontificaux, as-
» sisté de l'un des secrétaires de l'archevêché,
» il fait dans l'église l'ouverture *des trois*
» *châsses de sainte Macre* : il y trouve les reli-
» ques de la sainte et les anciens linges,
» suaires, étoffes de soie qui ont servi précé-
» demment à envelopper lesdites reliques, le
» tout conformément à trois procès-verbaux
» trouvés dans la *châsse d'argent* (1), de quoi
» procès-verbal est dressé, remis avec les trois
» procès-verbaux dans la susdite châsse d'ar-
» gent. On lui présente ensuite un reliquaire

Vasseny, Vandeuil, Vauxcéré, Vezilly, Vieil-Arcy. Fère-en-Tardenois ne figure point sur le registre de Fismes : il avait, sans doute, sa confrérie particulière, locale.

(1) Cette châsse avait été faite en 1676 : due à la dévotion des habitants, elle était d'un travail parfait. Comme nous ne trouvons dans les archives aucune translation faite à cette date de 1676, nous supposons que la cérémonie eut lieu en particulier, sans apparat, ni solennité.

» *d'argent*, fermé par le haut d'une glace,
» dans lequel est renfermée la mâchoire in-
» férieure de sainte Macre, ainsi qu'il est
» rapporté dans le deuxième desdits anciens pro-
» cès-verbaux : ayant observé qu'on en a dis-
» trait plusieurs dents, et qu'il n'en reste plus
» que trois, pour remédier, à l'avenir, à un pa-
» reil inconvénient, il fait fermer exactement le
» dit reliquaire, par-dessous la glace, d'une pe-
» tite grille d'argent, et sceller du sceau de ses
» armes... »

Le procès-verbal est scellé et signé de Monseigneur Desportes et de Monsieur Gobréau, secrétaire de l'archevêché... Le présent procès-verbal, conservé dans la châsse actuelle, ne dit pas que, du consentement du curé (1), des officiers et habitants de Fismes, on fit une nouvelle distraction des reliques de notre sainte patronne.

Pendant les guerres de la Fronde, si funestes à Fismes et à ses environs, Longueval avait perdu la relique donnée en 1643 : grande douleur! instances pour obtenir quelque nouvelle portion du trésor fismois ! Les liens qui unissent les deux églises sont tels, qu'une nouvelle

(1) M. Roujoux, curé pendant trente-deux ans, de 1738 à 1770.

relique est accordée : un autre os de l'avant-bras et un os du tarse appelé *calcaneum*.

Dans leur générosité inconsidérée, les habitants de Fismes offrent au prélat, pour son abbaye de Vermand, la plus grande partie de l'omoplate : Monseigneur Henri Desportes accepte avec empressement et envoie la sainte relique à son abbaye du Vermandois, où elle est encore conservée avec respect.

Les personnes présentes à l'ouverture de la châsse furent M. Roujoux, curé-doyen; M. Henri Goumant, maire; MM. Servant et Bedel, échevins, et M. Nicolas-Marc Trudelle, syndic.

Quelques années plus tard, M. Roujoux fit exécuter à ses propres frais quelques réparations à la châsse d'argent (1765).

A M. Roujoux succède, en 1770, comme curé, M. Antoine Pruche (1), qui devait voir éclater la Révolution et lui survivre. Sous son administration, Fismes, où fermente l'agitation politique, se ressent aussi de l'esprit irréligieux qui souffle partout.

L'église de Sainte-Macre voit cependant réparer les lambris du chœur et du sanctuaire,

(1) M. Pruche fut curé de 1770 à 1808, pendant trente-huit ans.

refondre une petite cloche (1788), construire quatorze stalles (1789), des grilles en fer autour du chœur (1790), acquérir l'autel de marbre de l'abbaye d'Igny, acheter une quantité assez considérable de linge (1792). Nous avons les délibérations du conseil de fabrique jusqu'à la fin de l'année.

Monsieur Pruche avait eu la déplorable faiblesse de prêter serment à la constitution civile du clergé. Le 4 Février 1703, le comité révolutionnaire ordonne la saisie des vases sacrés et autres objets de l'église. M. Pruche a pu comprendre que tout pacte avec l'impiété est trompeur : il refuse énergiquement de livrer les trésors de son église. Le comité insiste et pèse les objets d'or et d'argent. Mais le peuple, chez qui la foi est encore très-vive, s'assemble à la hâte, repousse les envahisseurs ; le tocsin sonne, l'autorité est insultée, menacée ; elle se retire devant cette manifestation populaire. Les femmes s'emparent des clefs des grilles du chœur et de la sacristie ; elles jurent de défendre les vases sacrés, et surtout la châsse de la sainte patronne (1). Le comité révolutionnaire

(5) Archives de Fismes. (M. G.)

se transporte à l'hospice, pour y saisir les vases et autres objets d'un culte désormais proscrit.

Le 25 Février, M. Pruche est accusé d'être l'auteur de l'émeute.

Huit jours après, le comité républicain s'est mis en mesure d'exécuter son vol sacrilége, et, pour mieux indiquer sa volonté de porter atteinte aux sentiments religieux du pays, c'est le 2 Mars, le jour même où l'on devrait célébrer la deuxième fête de sainte Macre, que les dignes représentants de Robespierre et de Marat, conduits par le cordonnier Flamand Grouin, s'emparent de nouveau des vases saints et de l'argenterie de l'église. Ils la pèsent, trouvent 35 marcs 7 onces 5 gros.

Que devinrent alors les reliques de sainte Macre? Le ciel, qui les avait protégées pendant douze cents ans, qui les avait sauvées de la fureur des Hongrois, de la rapacité des voleurs, le ciel voulait encore nous les conserver.

Dieu avait mis au cœur d'une femme noble et pieuse une énergie égale à sa foi. Elle avait connu les projets impies des agents révolutionnaires. Voisine de Flamand Grouin, qu'elle a souvent secouru de ses largesses, aidé dans sa misère, Madame Barbey de Chambrécy s'est acquis sur ce fougueux républicain, sur cet homme irréligieux, un empire que l'âge n'a fait que rendre plus puissant. Elle appelle chez elle l'agent de la République; elle sait à quoi elle va s'exposer; elle est épouse, elle est mère; la prison, l'échafaud sont là devant elle. Qu'importe? La foi parle. Digne enfant de sainte Macre, Madame Barbey, au péril de sa vie, sauvera de la profanation les reliques de la sainte patronne de Fismes. Elle promet à Flamand une récompense, s'il lui apporte les ossements renfermés dans la châsse d'argent. L'agent national hésite ; d'une part, l'appât de l'or; d'autre part, les fonctions publiques dont il est chargé, les opinions anti-religieuses qu'il doit faire prévaloir, la crainte d'être lui-même dénoncé comme fauteur d'une superstition fanatique, etc. Madame Barbey insiste, Flamand promet.

A la tête de la cohorte des sans-culotte, il envahit l'église, il brise la châsse d'argent, et, tandis que ses ignobles compagnons rient et vocifèrent leurs blasphèmes, tandis que le commissaire du district pèse minutieusement l'argenterie, Flamand a placé furtivement dans son tablier les reliques enveloppées de leur suaire.

Le soir, il entre chez Madame Barbey de Chambrécy, qui le reçoit à la faible lueur de son foyer, n'osant s'éclairer autrement, dans la crainte d'éveiller les soupçons. Elle n'a pour témoins, pour confidents de son pieux larcin, que sa famille, sur la foi et la discrétion de laquelle elle peut compter, et le sieur Lécluse père, fossoyeur. Après avoir payé à Flamand le salaire convenu, cette noble chrétienne vénère les saintes reliques, les place religieusement dans un linge blanc ; puis, craignant que sa maison ne soit bientôt envahie, elle va, accompagnée d'un fidèle serviteur, enterrer les précieux ossements dans le lieu saint, dans le cimetière, au pied d'un contre-fort de l'église, où Lécluse a préparé une fosse que l'on recouvre en silence (1).

La Terreur règne, toute manifestation de religion est proscrite, la dévotion envers sainte

(1) A Longueval, les reliques furent de même sauvées de la fureur révolutionnaire : le 18 Mars 1792, la municipalité procédait déjà à la vente et adjudication des six arbres *de la Croix de Sainte-Macre*, et de l'arbre qui est sur la place, « lesquels arbres ont été adjugés au sieur » Thiola, marchand de bois, demeurant à Fismes, au » prix de cent dix livres. »

Macre se concentre au fond des cœurs; mais elle n'est point éteinte, et en 1797, avant que le culte soit rétabli, la confrérie est reconstituée; elle compte 82 membres! Ce nombre diminue dans les années suivantes; le registre de 1800 ne renferme que 45 noms.

En 1802, M. Pruche a repris ses fonctions de curé : le conseil de fabrique est formé et tient ses délibérations; il pourvoit à la nomination des employés de l'église : sonneurs, suisse, bedeau, chantres; mais, pendant de longues années, malgré la modicité des traitements donnés aux employés (1), il ne peut rien entreprendre pour rendre sa magnificence à l'église de Sainte-Macre. Le conseil accepte un legs de 120 francs « destiné à l'achat et place-» ment d'un crucifix entre la nef et le chœur de » l'église, » fait réparer les bancs, achète « deux » cents chaises en bon état, pour le prix de

(1) En 1802, Pierre-Nicolas-Henri Moreau, suisse, et Antoine Moreau, bedeau, chargés de l'entretien de l'église et de la sonnerie, ne perçoivent aucun traitement pour leurs fonctions de bedeau et de suisse : ils n'ont que leur casuel de sonneurs. — Le deuxième chantre reçoit 30 fr. par an; le premier chantre, instituteur et sacristain, n'a point d'autre traitement que son casuel. — On paie, en 1806, à la blanchisseuse 24 francs 40 cent.

» 120 fr. ; deux chandeliers de bois, à 5 francs » pièce. »

En 1808, M. Fressencourt succède à M. Pruche. L'église de Sainte-Macre est dans le plus grand dénuement ; le conseil de fabrique, chaque année, constate un déficit toujours croissant.

En 1816, il est question de racheter l'ancienne maison presbytérale, aliénée pendant la Révolution ; le conseil de fabrique ne peut y contribuer, et prie M. le maire de faire les fonds nécessaires pour cette acquisition. Enfin, en 1819, Mademoiselle Véronique Leroux, ancienne religieuse, vient en aide à la fabrique par un legs de 1200 francs, grevé de certaines charges, et en 1834, le conseil de fabrique doit encore recourir au conseil municipal pour acquitter ses charges et couvrir son déficit. En même temps, le zèle en l'honneur de sainte Macre s'est affaibli ; la confrérie ne compte qu'une cinquantaine de membres.

Madame Barbey n'avait point attendu jusqu'en 1802, pour découvrir le trésor qu'elle avait caché avec tant de soin. Le Seigneur l'avait préservée elle-même, malgré ses vertus, de la prison et de l'échafaud. Lorsque la Terreur eut cessé, elle s'empressa d'aller, avec le fidèle Lécluse, rechercher les saintes reliques ; elle les apporta dans sa demeure, où elle les conserva pieusement pendant quelque temps. Puis, le culte ayant repris, cette noble dame fit faire une châsse de bois doré, en forme d'arche ou de temple grec, où l'on enferma les précieux restes de la vierge martyre. Toutefois, le reliquaire, remarquable par sa forme, laissait à désirer dans l'exécution des détails : les colonnettes qui ornent les côtés de ce temple sont hors de proportion avec la base et l'entablement ; la balustrade qui couronne l'édifice est trop grêle. L'idée avait été très-heureuse, mais l'artiste manquait du goût et des connaissances nécessaires.

En 1843, cette châsse subit une première modification. Les côtés de bois doré ne permettaient point de voir dans l'intérieur les saintes reliques ; monsieur Prioux, curé-doyen, fit ouvrir ces côtés, remplaça le bois par des glaces, et enleva la moitié des colonnes qui interceptaient la vue des ossements : les reliques furent replacées plus convenablement ; la tête et les mâchoires enveloppées dans la soie blanche, sur laquelle on broda des lettres d'or ; on entoura le tout d'une guirlande de perles et de grains d'acier.

Procès-verbal de cette ouverture ou espèce de translation fut dressé par Monsieur Hannesse, chanoine de l'église métropolitaine de Reims, secrétaire de l'archevêché, délégué par Monseigneur Gousset.

Vingt-trois ans plus tard (1866), une deuxième modification plus importante fut apportée au reliquaire donné par Madame Barbey de Chambrécy. En conservant le genre primitif, on lui donna une forme romane en rapport avec l'oratoire où il allait être déposé. Les colonnettes furent supprimées et remplacées par des arcatures ; une colonne plus forte soutint, à chacun des quatre angles, l'entablement ancien ; les balustres firent place à des créneaux ; quatre tourelles romanes, aux angles, s'harmonisèrent avec le dôme qui abrite la statue de la sainte martyre.

La Terreur n'avait pas plus épargné les grilles et les cloches de Fismes que les vases sacrés, la châsse et l'argenterie ; la Révolution n'enrichit personne ; elle est éminemment rapace : c'est un gouffre où tout s'engloutit ! En 1794, les grilles de l'église et les croix de fer érigées le long des chemins, le tout du poids de 4,583 livres, avaient été envoyées à Paris et converties en piques meurtrières. Au mois de Septembre 1793, pour exécuter la loi de la Convention nationale, ordonnant de ne laisser qu'une cloche par paroisse, nos cloches, la grosse exceptée, prirent le chemin de Metz, où l'on devait les fondre et en faire des canons. Elles restèrent longtemps dans les murs de la cité lorraine, et en 1818, elles subsistaient encore. L'administration municipale de Fismes en fut avertie : privée de ressources, épuisée par la guerre et l'invasion, elle ne put les envoyer reprendre, et pendant plus de soixante-dix ans, les tours de l'église de Fismes ne connurent qu'un son, harmonieux, mais monotone, pour redire le deuil et les fêtes, les joies et les douleurs.

Enfin, en 1865, une deuxième cloche, léguée par Monsieur Clément aîné, vint s'ajouter, le 24 Juillet, à celle qui, « refondue de la mette » (métal) » des anciennes cloches après l'incendie de 1568, avait survécu à l'orage révolutionnaire.

Monsieur Deglaire, le prédicateur du baptême de la Clémentine, exprima le vœu de voir compléter la sonnerie de Fismes par l'arrivée d'une troisième cloche, et Son Eminence le Cardinal

Gousset, dont la générosité est incomparable, répondit sur-le-champ en donnant une somme de mille francs pour cette troisième cloche. Une souscription fut ouverte : tous les habitants s'empressèrent de verser leurs offrandes, et deux mois et demi après, le 8 Octobre, Fismes revoyait son bien-aimé Cardinal venant bénir la cloche due à son initiative, et lui donnant, en qualité de parrain, le nom si cher aux Fismois de leur sainte patronne.

La souscription ouverte pour cette cloche, ayant dépassé les dépenses, le conseil de fabrique crut entrer dans les vœux des souscripteurs, en consacrant l'excédant au culte de sainte Macre. Depuis longtemps, on regrettait que la châsse de la sainte patronne, hors le temps des deux neuvaines, fût enfermée dans la sacristie et, pour ainsi dire, soustraite à la vénération des fidèles. La difficulté était de trouver un endroit convenable, digne d'un si précieux dépôt.

L'idée ayant été émise de convertir en chapelle la sacristie de décharge, située derrière l'autel de la Sainte-Vierge, elle fut aussitôt accueillie et mise à exécution. Le conseil de fabrique, comptant sur la dévotion des Fismois envers sainte Macre, voulut que cet oratoire fût richement décoré : les murs furent restaurés; une belle verrière vint fermer l'ancienne fenêtre en plein-cintre; des carreaux de mosaïque, impénétrables à l'humidité, revêtirent la partie inférieure des murs, que vont recouvrir, dans leur partie supérieure, des peintures à fresques où l'or se mariera aux plus riches couleurs, et un autel roman, soutenu sur quatre colonnes, reçut la châsse nouvellement restaurée.

Le culte de sainte Macre a repris un nouvel élan : la confrérie est devenue plus nombreuse, les neuvaines sont mieux suivies, les processions plus splendides! Espérons que la foi pour laquelle sainte Macre a versé son sang reprendra son empire sur les cœurs! C'est le vœu le plus ardent de celui qui, en devenant, au 30 Juin 1864, curé-doyen de Fismes, a voué aux *Enfants de sainte Macre* son temps, son cœur et sa vie!

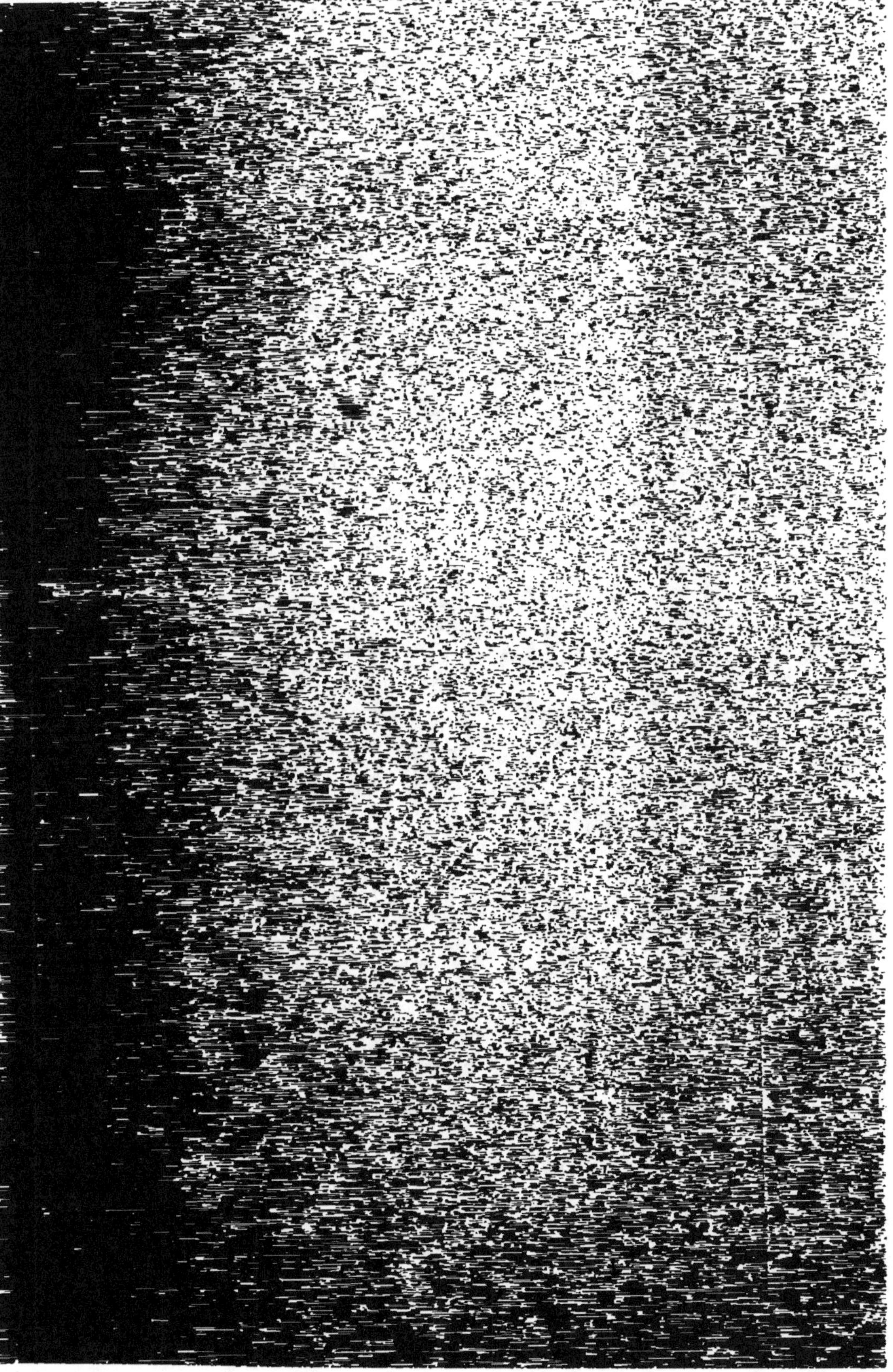

www.ingramcontent.com/pod-product-compliance
Lightning Source LLC
LaVergne TN
LVHW020354230826
846091LV00003B/1096

*9782011779687*